力石徹のモデルになった男
天才空手家 山崎照朝

森合 正範

「あしたのジョー」の力石徹が描かれた版画（「週刊少年マガジン」1970年2月8日号扉絵）を手にする山崎照朝。このイラストは梶原一騎の長男からプレゼントされた

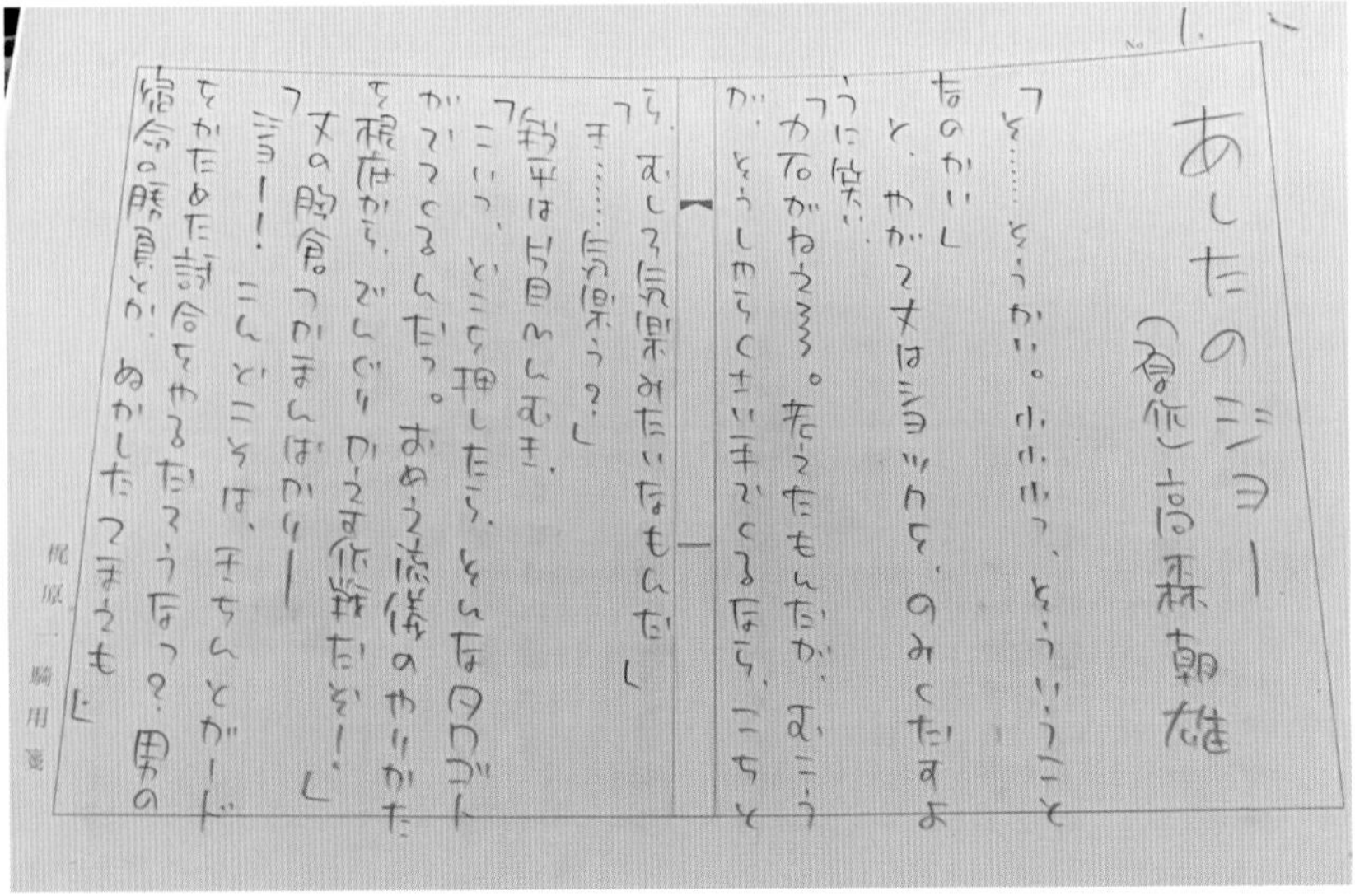

梶原一騎の「あしたのジョー」直筆原稿。この一話分しか残っていない

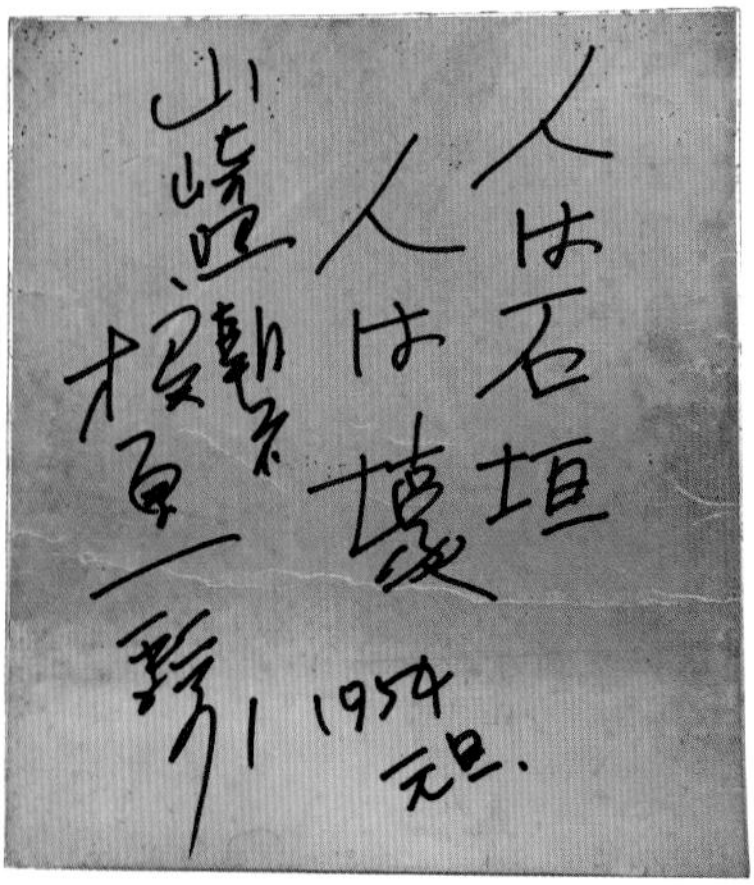

梶原一騎から山崎に贈られた色紙。
「１９５４」は梶原が誤って記入した

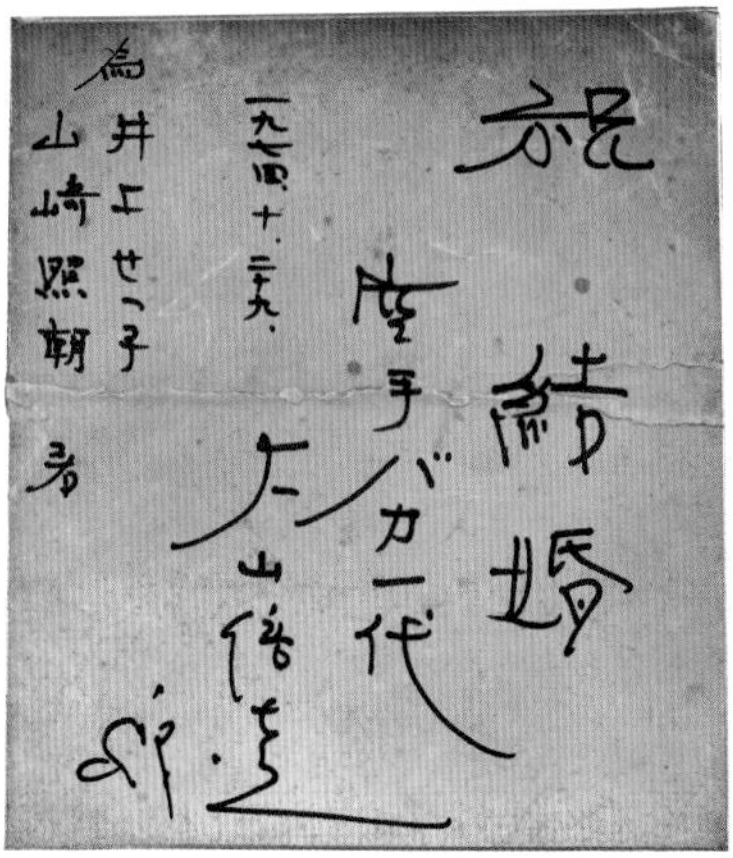

大山倍達から結婚を祝して
山崎に贈られた色紙

はじめに

ボクシングのワタナベジム、渡辺均《ひとし》会長からこんな話を聞いたことがある。

「山崎さんはお店に入るとね、必ず角に座るんだよ」

渡辺会長が真顔で続けた。

「誰が襲ってきても応戦できるようになんだって。角だと前と左右からしか敵は来ない。だから視界に入るでしょ。常に敵に背を見せないようにしているんだよ」

以後、山崎照朝《てるとも》さんと店に入るたび、密かに行動を観察していた。

確かに角を好む。隅に座る。喫茶店でもホテルのロビーでも、座った瞬間すぐに目を動かし周囲をチェックする。敵はいないか、話しながら、絶えず目を動かしているのだ。可能な限り視野を広げ、常に四方八方に眼を光らせる。いつ何時、誰が襲ってくるか分からない。見えない相手に神経を張り巡らせているのである。

初めて会ったのは2008（平成20）年4月だった。

当時、東京中日スポーツの記者だった私はボクシング担当となり、「聖地」と呼ばれる東京・後楽園ホールに取材へ行くことになった。

その際、デスクに念押しされた。

「後楽園に山崎さんがいるから挨拶してね」

紙面を通じて「山崎照朝」の名前は知っていた。だが、容姿や顔はわからない。

「山崎さんの外見とか背格好とか、どういう方ですか?」

「あっ、知らないんだ。一人だけ雰囲気が違う人がいるから」

「雰囲気ですか?」

私はそう聞き返して、なお怪訝《けげん》な顔をしていたのだろう。

「ただ者じゃないな、という人がいるから、その人に声を掛ければ大丈夫だよ」

デスクからの曖昧《あいまい》な説明に不安を抱きながら後楽園へ向かった。

後楽園ホールのある「青いビル」。記者室は6階にある。エレベーターを降りると、これから記者会見が行われるため、狭い記者室の外で7、8人の記者が立ち話をしていた。

記者の輪に目をやると、瞬時に分かった。

「雰囲気が違う人」を探すこともなかった。

背が高く、鋭い眼光。明らかに一人だけオーラを漂わせ、近寄りがたい人がいる。

挨拶をすると、山崎さんは「おお、よろしくな」と右手を挙げた。

こうして、先輩記者の山崎さんとの交流が始まった。

ボクシングの興行の前、昼間の記者会見が終わった後、山崎さんは必ず「おい、お茶いくか」と誘ってくれた。私は大学時代、後楽園ホールでアルバイトをしていたこともあり、ボクシングや格闘技が好きだった。ノンフィクション作家の佐瀬稔さんに憧れ、ボクシングを書きたいと思い、この世界に飛び込んだ。競技への愛情が伝わったのか、山崎さんには可愛がってもらったと思う。

いつも喫茶店で話す内容は、取材の進捗状況やボクシング界の現状、試合の感想ばかり。山崎さんは取材の昔話をすることはあっても、現役時代の話は一切しなかった。仕事以外の話といえば、「インターネットや雑誌に載っている俺の記事はうそばかり」「ネットの誤っている記事を削除したい」「取材は全部断っている。表に出るのは嫌い」と愚痴をこぼすくらいだった。私にとっての山崎さんは2010（平成22）年12月にボクシング担当を離れるまで、頼りになる先輩記者にすぎなかった。

2012（平成24）年12月。着慣れないスーツに身を包んだ私は、東京・浜松町の喫茶店へ歩を進めていた。そこには山崎さんが待っている。事前に用件は伝えていなかった。

さかのぼること1週間。デスクから呼ばれ、指示を受けていた。

「山崎さんの連載を春からやってほしい。自伝というのか、半生記というのかな。本人には話してないから、了解を得るところから始めてほしい」

これまで何度も聞いてきた「取材は全部断っている」「俺は表に出るのが嫌い」という言葉がよみがえる。実際に取材の依頼を断る場面を見たこともある。

そのときの態度は冷たく、一切相手にしなかった。「拒絶」という言葉そのものだった。山崎さんには頑固なところがある。目立つことも嫌う。半生記となれば、主人公は山崎さんになり、なおさら受け入れないだろう。

「難しいと思いますよ」。私はデスクにそう言葉を返していた。

緊張しながら、いざ喫茶店で向かい合う。

「山崎さんのこれまでの道のりを新聞で連載したいんですけど…」

「なんだよ、いきなり」

喫茶店の隅に座っていた山崎さんは、不思議そうな目で私を見つめ、すぐにキョロキョロと周囲を見渡した。

「半生記というんですかね。私は山崎さんの過去のこと、第1回の極真全日本王者ということ以外、全然知らないですし。これまで聞いたこともなかった。じっくりお話を聞かせていただきたいんです」

それは本心だった。

試合会場では、K―1創始者で正道会館の石井和義館長が山崎さんに深々と頭を下げて挨拶するシーンを見たこともあったし、ボクシング界の重鎮が相談に来ることも多かった。だが、私は山崎さんの実績、現役時代の話を一度も聞いたことがなかった。恥ずかしながら、調べたこともなかった。

山崎さんはしばらく考え、ようやく口を開いた。

「うーん、しようがねーな。分かった、いいよ」

断られるだろうと思っていた私は意外な返答に驚いた。

この瞬間、山崎さんは先輩記者であると同時に、取材対象へと変わった。

あまり自身のことを話さないことを想定し、周辺取材を増やした。

山梨に住む家族から始まり、学生時代を知る友人、極真時代の先輩、後輩、キックボクシングのレフェリー、クラッシュ・ギャルズら全日本女子プロレスの関係者。本人の言葉だけでなく、多角的に山崎照朝を描きたいという強い思いもあった。

『東京中日スポーツ』（中日スポーツ）で2013（平成25）年4月5日から8月30日ま

で連載した「山崎照朝　空手バカ一代記」。当初15回の予定が17回に延び、結局20回まで続いた。

　掲載前に山崎さんに原稿を見せることはなかった。相談することもない。新聞の取材対象者と同じくチェックを受けないで紙面化した。

　掲載された記事を読んだ山崎さんから「おお、よく書けていたな」と言われることもあれば、「なんで、あんなことを書いたんだ。あれは書かなくていいんだ」「あの人には取材しなくていいんだよ」と気分を害し、怒られることもあった。

　だが、一度たりとも「あれは間違っているぞ」と言われたことはない。だから、私は怒られたときも、勝手に、きちんと事実を書いた証しで「褒め言葉」と解釈していた。

　今回の書籍化は新聞の連載が基になっている。

「極真の全日本で優勝といっても、たかが一流派の大会。キックボクシングだってやりたくなかった。有名になんてなりたくなかったんだ」

　山崎さんはいつも言葉少なにそう語る。

　群れない。金もいらない。名声もいらない。ただ強くなりたいだけ。孤高の空手家には独特の価値観がある。当時、新聞連載を書き終えて、もっと知りたいと思ったことも多い。

また、喫茶店の角に座り、山崎さんから話を聞く日々が始まった。

あれから7年以上経っても目を動かし、周囲をチェックする姿は変わらない。ただならぬオーラを醸し出し、話しながら視線を左右に動かしている。

たとえ、怒られたとしても、山崎さんの真実を書き残そうと思う。

大山倍達に強さを認められ、梶原一騎に愛され、力石徹のモデルになった男。

山崎照朝とはいったい何者なのだろうか——。

目次

山崎照朝を語る

本書は『東京中日スポーツ』(中日スポーツ)で2013(平成25)年4月5日から8月30日まで計20回連載された「山崎照朝　空手バカ一代記」を大幅に加筆、修正したものです。

第1章／力石徹はおまえだ

「梶原先生が会いたがっている」

春と呼ぶにはまだ肌寒い日だった。

激しい稽古を終え、熱くなった体からうっすらと湯気が湧き上がっている道場生もいる。

1968（昭和43）年。山崎照朝、20歳のときだった。極真の門をたたき、3年半になろうとしていた。

東京・池袋の極真会館本部道場で極真空手の創始者、大山倍達《ますたつ》から呼び出された。道場の3階にある館長室。大山がよく通る大きな声で言った。

「梶原先生がきみに会いたがっているんだ」

「……」

梶原先生とは劇画原作者である梶原一騎（本名・高森朝樹）のことだった。1966（昭和41）年から『週刊少年マガジン』（講談社）で連載した野球漫画『巨人の星』が大ヒット。スポーツ根性もの、いわゆる「スポ根」ブームの先駆けとなった。ペンネームの高森朝雄として『あしたのジョー』を書き始めて数カ月。同時に『週刊少年キング』（少年画報社）

では『柔道一直線』を連載していた。従来のギャグや荒唐無稽な漫画の世界に「劇画」と呼ばれる作風を生み出し、人気を博していた。

大山は取材で知り合った梶原と懇意になり、義兄弟の契りを交わしていた。

「きみ、梶原先生と会ったらどうかね？」

これまで山崎は師・大山の前で「押忍《オス》」以外の返事をしたことはない。だが、このときは違った。意を決し、口にした。

「住む世界が違うから結構です」

一瞬、二人の間を静寂が包む。

「うーん、そうか…」

大山にとって意外な返事だったのだろう。しばし考え、言葉をつないだ。

「きみがそう言うなら、まあいいだろう」

「押忍」。深々と頭を下げると、館長室から退室した。

山崎が当時を回想する。

「俺が空手をやっているのは強くなるため。有名になりたくないし、金を稼ぐつもりもない。それまで一度か二度、梶原先生とは会っていたんだ。会えば飲みに連れて行かれる。俺は酒も飲まない。銀座の高級店で『山崎、ここは座るだけで何万円だぞ』と言われても何も感じなかった。みんなが騒ぐ輪の外にいたんだ。住む世界も考え方も全く違う。もう会っても意味はない。そう思ったんだ」

初めて会ったとき、銀座の帰りに梶原から「車代だ」と3万円を手渡された。大学卒業生の初任給が3万6００円の時代のことだ。

山崎はあまりの高額に驚き、受け取らなかった。

「結構です」

「受け取っておけ。車代だから」

「結構です。電車で帰れる時間ですから」

「おい、俺の顔をつぶす気なのか！」

「いえ、そういう訳では…。結構ですので」

しばらく問答は続き、山崎は最後までお金を受け取らず、何も悪いことをしていないのに、逃げるかのように銀座を去っていった。

そのような経緯もあり、もう梶原には会いたくなかった。だが、2カ月も経たないうち、再び大山から館長室に呼び出された。

「きみ、梶原先生がどうしても会いたいと言っている。会ってあげたらどうかね」

2度目はもう断ることができない。

「押忍。分かりました」。師の前でそう返事をしたものの、苦痛でしかなかった。

さわやかな風が心地よく感じられ、温かくなった頃。山崎は指定された梶原の仕事場を嫌々ながら訪れた。外はもう暗い。午後7時ごろだったと記憶している。

しばらく、梶原の仕事が終わるのを待っていた。すると、梶原が書斎から大きな体を揺らし、ゆっくりと現れた。山崎の目をじっと見て、少し興奮した口調で言った。

「ジョーにライバルができた。力石っていうんだ。おまえがモデルだ」

その言葉を聞いても、何も感じなかった。ただうなずくだけだった。『あしたのジョー』をずっと読んでいたわけではない。「ふーん」と思った程度だった。

力石とは何者なのか。

山崎だけではなく、まだ世の誰も知らなかった。

山崎の生き様を投影

ボクシング漫画『あしたのジョー』の連載が始まったのは『週刊少年マガジン』1968年1月1日号。梶原（高森朝雄）原作、漫画家のちばてつやが作画を担当した。

天涯孤独のジョーこと矢吹丈が日雇い労働者たちの宿が集まるドヤ街に流れ着き、飲んだくれの師匠・丹下段平と出会うところから始まった。

力石徹が初めて登場したのは、山崎が「おまえがモデルだ」と告げられてからすぐのこと。『週刊少年マガジン』1968年6月2日号だった。

特等少年院に送致されたジョーに、ボス的存在で郵便係をしていた力石が自転車に乗って現れる。

「えーと、矢吹丈ってのは…どいつだい?」

力石は段平からのはがき「あしたのために(その2)右ストレート」を渡しに来た。ジョーが受け取ろうと手を伸ばすと、力石ははがきをピンとはじき飛ばし、拾おうとしたジョーの手を自転車で轢《ひ》いた。

この出会いから二人の物語が始まる。

原作者の梶原はストーリーを考え、原稿用紙に記し、それを絵にするのがちばだった。山崎は『週刊少年マガジン』をパラパラめくり、力石の絵を見つけると、「なんだ、このもじゃもじゃ頭は。全然俺に似ていないじゃねえか」と思ったという。当時、「原作・梶原、作画・ちば」の意味を理解していなかった。あくまで梶原は力石のキャラクターに山崎の生き様を投影した。作画を担当したちばは「力石の絵は小学校の教科書にあったナポレオンの肖像画をヒントにした」と公言している。梶原の原稿を読み、あまり重要な役ではないと思い、ジョーより体を大きく描いてしまった。それが、あの有名な減量シーンを生み出した。

梶原が書く力石は自信に満ちあふれ、寡黙なダンディズムと独特の雰囲気を醸し出していた。プロではウエルター級（66・68キロ以下）で13戦13KO勝利の天才ボクサー。しかも、練習熱心。敵対していた二人は、少年院で拳を交え、ドロー。宿命のライバルとなり、互いにしか分からない感情が芽生えていく。

出所後、プロのリングに復帰した力石は、チャンピオンを狙える力がありながら、ジョーがバンタム級（53・52キロ以下）で連勝街道を歩み始めると、決着をつけるため、バンタム級へと階級を落とす決意をした。過酷な減量が始まり、勝負に対する執念、ストイックさを象徴するシーンが展開される。

飢えと渇き。もう耐えられない。

頬のこけた力石は水を求め、白木ジム地下室の物置を抜け出した。だが、ジムにあるすべての蛇口はワイヤーで固められていた。

力石徹には孤高の男・山崎照朝のストイックな生き様が投影されている

「シャ……シャワー室までもか……」

呆然とする背後に白木財閥の令嬢、白木葉子が立っていた。

力石に語りかける。

「わたしがやったことです……　ごめんなさい。こうなるだろうということはわかっていたの……。でもかわきにかわききったからだが　いきなりつめたい水を飲むと　からだをこわすと先生から注意されていたので……。でもここにさゆがあります。お飲みなさい」

葉子はそう言ってポットに入った白湯をコップに注いだ。

「力石くん……わたしはあなたがかわきに耐えかねて減量をあきらめたということをかなしんだりしていません。それよりあなたがすこしでも　ほんのすこしでも人間らしい弱さをもっていてくれたということがとてもうれしいの」

葉子は白湯を力石に渡そうとする。

「さあお飲みなさい。ひといきにこれを飲みほして……もとのはつらつとした力石くんにもどるのよ！」

漫画「あしたのジョー」で矢吹丈のライバルとして絶大な人気を誇った力石徹
(©高森朝雄・ちばてつや／講談社)

力石は白湯の入ったコップを目の前にし、ゴクリとつばを飲み込んだ。躊躇《ちゅうちょ》しながら、コップを受け取る。両手で拝むように持ち、言った。

「あ……ありがとう　おじょうさん……　そのお気持ちだけ……ありがたく飲ませていただきます。もうすこしでくじけるところでした……。でもだいじょうぶ……。もう、今後、かぎも見はりもいりません。この、やせさらばえたカサカサのからだで、りっぱに矢吹丈と打ち合ってみせます」

コップに入った白湯を捨てた。

「待って力石くん……」。引き留める葉子をちらりと見て、力石は物置へと戻って行く。

「今夜はぐっすりねむれそうです。お休みなさい」

そのひと言だけを残して――。


（『週刊少年マガジン』1969年12月14、21日号）

『あしたのジョー』と全共闘

リングに上がる前、肉体を削る。乾きに耐える。孤独な己との闘い。この力石の壮絶なシーンを読み、ボクシングの過酷な減量を知った読者は多い。

物語は『あしたのジョー』の前半部分のヤマ場となる二人の対決へと突き進んでいく。

闘いはダウンの応酬の末、力石はジョーの右のダブル・クロスカウンターを左アッパーで迎え撃った。口から血を流し、リングにひれ伏すジョーを見下ろし、力石はつぶやいた。

「おわった……おわった…なにもかも……」

そう言うと、すべての力が抜けたかのように、ロープにもたれかかった。

敗れたジョーはよろよろと立ち上がり、力石の元へ歩み寄った。

「さすがに力石だ　まいったぜ」

握手をしようと手を出したジョーに、力石も応えようと、右手を出す。しかし、手を握ることなく、そのまま前のめりに倒れた。厳しい減量に加え、第6ラウンド、ジョーからテンプル（側頭部）への一撃を食らい、ダウンした際に後頭部をロープに強打したことがこたえていた。『週刊少年マガジン』の1970年2月15日号で、力石は死んだ。死因は脳内出血だった。

山崎の述懐。

「ちょうど学生運動が盛んな頃でな。（日本）大学が封鎖されていた。俺は漫画には興味がなかったから、つまんで読んでいた程度。全共闘（全学共闘会議）の奴らが熱心に読んで、最高に盛り上がっていたな。学生の右翼だって、集まって読んでいる。そこら中に必ず（週刊少年マガジンが）置いてあったな」

全共闘世代の間で「手にはジャーナル（朝日ジャーナル）、心にマガジン」が流行語になるほど、『週刊少年マガジン』は若者の心をつかんでいた。その中でも『あしたのジョー』は一部の若者たちからバイブルのような扱いを受ける。どん底から這い上がってきたジョーは反体制側。白木財閥の後ろ盾を得ている力石は体制側。登場人物の二人はそれぞれの象徴とされ、『あしたのジョー』は時代と重ねられた。

1970（昭和45）年3月24日。「力石徹が死んだ　あしたのジョーのファンの集い」と題された力石の葬儀・告別式が実際に行われた。場所は東京都文京区の講談社6階の講堂。葬儀はアングラ劇団の「天井桟敷」を主宰する寺山修司が中心となり、午後3時から5時まで約800人の弔問客が駆けつけた。会場は人であふれ、入り切れなかった100人にはお土産を渡し、帰ってもらったという。

力石はこうも大きな存在だったのか――。

告別式の後、梶原とちばの驚きの様子が記されている。

〈列席した梶原・ちばコンビには体制云々の意図はなく、したがってこの場の反響にも複雑な表情を隠せなかったが、一方で身震いするような責任を感じたという。帰りの車中で二人はこんな会話を交わした。

「物書き冥利に尽きると言えば尽きるな。だけど、これから先が大変だ」

「みんな真剣でしたね。これは一回止めてしまって、新連載で描き起こすくらいのつもりでないといけないかもしれない」〉（『梶原一騎伝　夕やけを見ていた男』斎藤貴男）

一漫画のキャラクターにすぎない。しかし、若者たち、弔問客はそうは思っていなかった。みんな力石の死を真剣に受け止めている。新聞やテレビでも報じられ、社会現象になっていた。

梶原長男の証言

力石の死から50年になろうとした頃。大山と梶原が縁となり、新たな出会いを生んだ。山崎は年に幾度となく大山の墓参りをする。師が眠る東京都文京区の護国寺には1987（昭和62）年に永眠した梶原の墓もある。大山に手を合わせた後は梶原の元へ。それが山崎の護国寺でのルートになっている。

2019年4月。山崎は人と会うのを避け、大山の命日である26日が過ぎるのを待ち、護国寺へ足を運んだ。師にお礼と感謝を伝えた後、梶原の墓前に初めて自らの名刺を置いた。するとき、数日後、「梶原の長男」と名乗る高森城《じょう》から連絡が来たのである。

2019年6月6日。高森は少し緊張しながら、東京・赤坂の懐石料理屋へ向かった。

そこには身長177センチと長身で、ただならぬ雰囲気を醸し出している男がいた。一本のお礼の電話から、食事をすることに話は進んでいた。

「高森城と申します。梶原一騎の長男です。よろしくお願いします」

梶原一騎著作権管理A・Tプロダクツ代表取締役と記された名刺を差し出した。

「山崎照朝です。どうも」

高森は下げていた頭をゆっくりと上げた。自然と山崎の顔が目に入る。驚きのあまり、もう一度見た。思わずじっと見つめてしまう。

「そっくりだな…」

心の中のつぶやきが、もしかしたら表情に出ていたかもしれない。慌てて、口角を上げて笑顔をつくり平然を装った。

会う前まで、高森の脳裏には父が原作の漫画『空手バカ一代』（講談社）に登場する山崎照朝の顔の絵が刻まれていた。だが、実際に目の前にいるのは、同じ父の漫画で

梶原の長男・高森城（右）は初めて山崎と会ったとき、力石徹とそっくりの顔と雰囲気に驚いた。中央は梶原プロダクション創設時の社員で、芸能プロダクション「プライム」代表取締役の渡邉清一（２０１９年６月６日、東京都内）

も作品が違う。『空手バカ一代』の山崎ではなく、ボクシング漫画『あしたのジョー』に出てくる力石徹そのものだった。

高森が言う。

「父にとって作品のモデルというのは性格や土台のこと。人間性であって、絵に描いているわけではない。ただ、お顔を拝見してびっくりしたんです。今の山崎さんの顔って力石ですよね。目のくぼみ方とか不思議なくらいそっくり。ただ、ちば（てつや）先生と父はいろんな議論をしていく中で作品を書いていて、ちば先生は父のイメージをすごくキャッチしていましたから。そういうこともあるのかなと。力石が年を取ったら、山崎さんの今の顔ですよね。絶対に」

山崎と食事をしながら、父・梶原一騎こと高森朝樹とのかけがえのない思い出がよみがえった。

それはあまりに珍しい光景だった。

梶原が亡くなる約1年前、１９８６（昭和61）年のことだった。東京都練馬区にある「漫画御殿」とも「巨人の星御殿」とも呼ばれる自宅の食堂での出来事だ。

「我々は父が食事をしている最中は絶対に席を立ってはいけないという決まりがあるんです。あのときは食事を終えた父が立ち上がり、大きな手の動きでジェスチャーをしながら、話し始めたんです」

梶原は家族に作品の話をすることはほとんどなかった。高森が『あしたのジョー』について話を聞いたのは最初で最後、あの日だけだった。

「話の流れで言えば、ジョーの最後、ホセ・メンドーサ戦でリングに上がる前の（控え室の）シーンの話になったんです。『リングには　世界一の男ホセ・メンドーサがおれを待っているんだ　だから…いかなくっちゃ』。これがパパが作った作品の中で最高の台詞だ、と少し自慢のような話を始めたんです」

そこから力石徹の話へと移っていった。

「父が、力石のモデルは極真の山崎という奴で、あいつは無欲なんだ。本当に欲がない。変な奴だ、というニュアンスのことを言ったんです。父が作品のモデルのことを言うなんて一切なかったので、すごく新鮮というか、びっくりした。なんとも言えない感情だったのを覚えています」

高森は父が作品の踏み込んだ話をすることに驚き、同時に力石のモデルが実在すること、しかもそれが山崎であることを知った。

「極端に言えば、父が作品について語ったものを全部言え、と言われても、これで終わってしまうくらい。それくらい稀なことだったんです。あとは、『夕やけ番長』はパパの自叙伝なんだよ、とそれくらいしかない。あの日のことは、私にとって、とても貴重な父との思い出なんです」

一方で、「力石徹」と「山崎照朝」がすぐには結びつかなかった。

「私が知っている山崎さんは『空手バカ一代』のあの漫画の顔なんです。だから重ならないんですよね。それに父は『山崎照朝の回し蹴りはこういう見えない角度から飛んでくるんだ』と真剣に、一生懸命語っていた。自分の頭の中では『あれ、(ボクサーの)力石が回し蹴りをしている…?』とそんなイメージでピンと来なかったんです」

梶原から話を聞く前まで、高森にとって、山崎は漫画『空手バカ一代』の登場人物でしかなかった。

父との会話から30年以上が経ち、今、目の前に山崎がいる。

力石には山崎の生き様が投影された。それが時を重ね、今度は山崎に力石が乗り移っているのではないだろうか。そう思うくらい顔は似ていた。

山崎の強さに惚れ込んだ梶原

なぜ、山崎を力石のモデルにしたのか。

梶原の秘書兼運転手を務めた阿部義人は、梶原が山崎を称賛する姿を何度も見ていた。

「梶原先生は本物とか強い人を書きたい方。だから山崎先輩の強さに惚れ込んでいた。もう一に山崎、二に山崎で、銀座の飲み屋でも、どこへ行っても『山崎という強い男がいるんだ。あいつにかなう者はいない』と話していました。一番認めていた選手でしたから。クールでニヒル。でも、ストイックで強い。そのムードや雰囲気、佇《たたず》まいを力石に当てはめたんだと思いますね」

1971（昭和46）年5月から『週刊少年マガジン』で梶原原作の『空手バカ一代』（作画・つのだじろう、影丸譲也）の連載が始まる。極真会館の創始者である大山倍達

漫画「空手バカ一代」には実名で登場。山崎が極真の第1回全日本選手権で優勝するまでの軌跡が描かれた（©梶原一騎・影丸譲也／講談社）

の半生、その後は芦原《あしはら》英幸を中心に大山の高弟が築く極真空手の隆盛を虚実交えて描いた漫画である。その中で梶原は山崎を「日大の竜」「極真の竜」と名付け、極真の第1回オープントーナメント全日本空手道選手権大会に優勝するまでの軌跡をたどった。その後も「天才」「華麗」と称し、随所に山崎を登場させた。

秘書の阿部は多くの空手家と山崎との違いを感じていた。

「『空手バカ一代』がブレークしてからは、漫画に描いてもらおうと、梶原先生に率先して話をする極真の選手がたくさんいました。でも、山崎先輩はあまり話さない。すごく変わっていましたね。梶原先生の質問にぽつぽつと答える程度で、自分から描いてもらおうとか、話す人では

第1回全日本選手権決勝で添野義二(右)と対戦する山崎(1969年9月20日、東京体育館)

なかった。お金にも固執しないし、武道一筋という感じでしたね」

頑固であり、偏屈であり、群れない。山崎は誰に対しても、媚びることはなかった。もちろん、梶原に対しても。

当時の道場での様子を、山崎の極真時代の盟友、添野義二《そえのよしじ》が記している。

〈山崎照朝は梶原先生を、『札束で頬を叩くようにしながら自分の懐に引き込もうとする傲慢なところが我慢ならない』と後輩たちの前で罵り、梶原先生を遠ざけていた。もっとも山崎の場合、良くいえば孤高の存在であるが、悪く言えば他人を見下す悪い癖があったので、彼自身が多くの敵を抱えていた。〉（『添野義二　極真鎮魂歌』小島一志）

山崎も振り返る。

「阿部さんに言われたことがあるんだ。『梶原先生が、あいつは何を考えているかさっぱりわからん』と話していたとね。力石を書く前、俺は梶原先生に一、二度しか会っていない。おそらく、大山館長が俺のことを話していたんだろう。それで興味を持たれて、力石として書いた。その後、何度か会うようになって、俺の性格を観察していったんだろうな」

実際、『あしたのジョー』で力石は主要な登場人物の予定ではなかった。梶原はちばとの打ち合わせで、ジョーや段平らのキャラクター設定を示したが、力石の説明は一切なかった。少年院だけのエピソードに使うつもりだったとみられる。

物語が進むにつれ、梶原の力石に対する思いが強まっていったと、ちばは推測している。

〈力石徹というライバルのキャラクターを原作者の高森が、すっかり気に入った。

『こいつはいい』と高森さんが言っていたと担当者が教えてくれました。事実『少年マガジン』連載当時は、ジョーよりも力石のほうが人気があったくらいです」

その力石人気を使って話を盛り上げようと編集者が考えたのか、あるいは原作の高森自身が力石との絡みをふくらまそうとしたのか分からない。しかし、少年院を出た後も、力石はますます重要な登場人物となり、準主役となっていった。〉（『マンガ道、波瀾万丈』桐山秀樹）

『週刊少年マガジン』で『あしたのジョー』と『空手バカ一代』が同時に連載されている時期だった。山崎が大学を卒業した直後、１９７２（昭和47）年のことだ。

梶原から大きな声で言われたことが印象に残っている。

「そういう画一的な生き方をしていると、それだけでは済まないこともあるぞ」

画一的な生き方。山崎はすぐに理解できなかった。帰宅して、辞書で「画一的」の意味を調べた。

「正直言って、当時、梶原先生のことは好きではなかったけど、ああ、よく見ているな、とは思ったよな。みんなが『先生、先生』と頭を下げにいく中で、俺は誰が相手でも態度を変えなかった。お金や車代も受け取らない。自分の中で決めたルールに従って、型どおり生きてきた。梶原先生はそういう部分を見て、言ったんだろうな」

山崎が梶原原作の漫画に登場するのは『あしたのジョー』の力石のモデル、『空手バカ一代』だけではない。1973（昭和48）年刊行の『キック戦国史』（劇画・中城健、日本文芸社）で、梶原はキックボクシングの主役が沢村忠から山崎照朝に交代する物語を書いた。

山崎の回想。

「そのときも梶原先生に言ったんだ。『先生、俺はね、空手で飯を食うことはないから。もう、こうやってサラリーマンとして給料をもらっている。有名にもなりたくない。だから、他の空手で飯を食っている人を書いてあげてください。そうすれば、その人の道場は人気が出ますから』ってね。漫画に取り上げられれば、空手道場の宣伝になるだろ。そしたら、梶原先生から『俺が書くのに何か文句があるのか！』と怒った口調で言われたんだよ」

梶原にとって、山崎はよほど魅力的な男に映ったのだろう。

力石の版画を受け取る

東京・蒲田に、梶原が経営したバー「モンテクリスト」の建物が当時のまま残るカラオケスナックがある。毎年、梶原の命日の前後には、ゆかりのある人たちが集まってくる。梶原が旅立ってから33年。２０２０年1月18日。高森は山崎に「来ていただけませんか?」と声を掛けた。そこで高森は力石徹が描かれた版画を山崎に手渡した。『週刊少年マガジン』１９７０年2月8日号に掲載された扉絵だった。

「いやいや、それは受け取れないよ」

躊躇《ちゅうちょ》する山崎に、高森は思いを込めて伝えた。

「力石の絵は（山崎）先生にお持ちいただけたら、父も喜ぶことと思います」

高森は梶原が山崎を評する言葉を覚えていた。

「父は（山崎を）一番可愛がっていたという言い方をしていたんです。もちろん、その後に添野（義二）さんといろいろ助け合っていく関係になっていくのはご承知のとおりです

山崎にプレゼントされた力石徹が描かれた版画。「週刊少年マガジン」１９７０年2月8日号の扉絵

けど。（極真の）第1回（全日本）大会やその前後のときには一番可愛がっていたと。だから、山崎先生が父の言うことを聞かなかったというのは、私にとって意外なことですし、もしかしたら、そういう人間だからこそ、逆に好きだったのかなとも思いますしね」

山崎は恐縮しながら、版画を受け取り、告げた。

「もし、この版画が必要なときが来たら、いつでも返すから言ってくださいよ」

プレゼントされた版画をじっと見る。力石徹の顔を見つめる。そのとき、これまでにない感情が生まれてきた。

『あしたのジョー』のあらすじは知っている。力石徹という男がどんな特徴なのか、おおよそ分かっている。『週刊少年マガジン』で連載されていた当時、ぱらぱらとめくったこともある。だが、全巻を通して読んだことはなかった。この力石徹の原画はどのシーンなのか。『あしたのジョー』を初めて読みたくなった。すぐに知り合いを通じて古本屋に頼み、5千数百円を払い、全20巻を手に入れた。

決して、漫画が好きとは言えない、しかも注目されるのを嫌う山崎が自らをモデルとして描かれたコミックを手にしている。

古希を過ぎ、少しは丸くなったのか。

連載開始から遅れること52年。山崎は『あしたのジョー』を読み始めた。

冷たい氷のような冷静さ

ボクシング元世界王者
浜田 剛史

漫画『あしたのジョー』は小学生のときですからね。毎週、『週刊少年マガジン』を読んでいました。クロス・カウンターの練習をよくやって、でも、なかなかうまくいかないんです。相手がパンチを打ってきたところを先に当てることができなくて、何回も繰り返しやったことを覚えています。

山崎さんが力石徹のモデルと聞いたのは、もう何十年も前。何人かで話をしているときに、本人ではなく、周りの人から聞きました。言われてみて、「ああ、なるほど。雰囲気が似ているな。よく捉えているな」と思いましたね。山崎さんは常に冷たい氷のような冷静さを持っている雰囲気がありますし、芯を持った方ですから。

出会いは私が現役時代ですので、もうだいぶ長い交流になります。私がボクサー、山崎さんが記者という関係で、昔の記者というのは、みんな個性が強かった。同じ記事ではなくて、隠れている何かを引きだそうとしてくる。そういう熱いところがありましたよね。その中で、山崎さんの場合は、何でもかんでも違う記事であればいい、ということではなくて、筋を通すところがありました。例えば、これは今(記事で)書くと困るんじゃないか、ということは一切やらなかったですね。

マイク・タイソンの米ラスベガスでの試合にも一緒に行きました。みんなで練習を見て、ホテルで食事をしながら、酒を飲んでいると、新聞記者は取材方針や考え方などを巡って、言い合いになることがあるんです。山崎さんはそういう場でも常に冷静でした。あとは、「あの練習、あのスパーリングはどう思った？」「俺はこう思うんだけど、浜田君はどう？」と自分の信念を持ちながらも、必ず意見を聞いてくる。その姿勢は今でも変わりません。

解説者や評論家になると、理論的になって、元ボクサーの談話でも、現役のときにこんなこと言えたかな、と思うことがあります。なぜ、得意の右をかぶせることができないんだ、普段だったらできるだろう、と言うのは簡単です。山崎さんは、じゃあ、なぜできなかったのか、何があったのか、と相手と対峙したときの精神的、心理的な駆け引きを分かろうとする。実戦の勘、向かい合ったときの瞬間的な感覚をずっと持ち続けているのでしょう。

最近は何かあるたびに「いやあ、俺はもう（記者を）引退だよ」と必ず言うんです。だから、私としては、そんなことを言わずに「生涯現役記者でいきましょうよ」という気持ちです。山崎さんは昭和の人ですからね。記者の個性が薄くなってきた今、山崎さんのような昔風の筋が通った人というのは大事だなと。そういうふうに思うんです。

はまだ・つよし　1960年生まれ。沖縄県出身。ボクシングの元WBC世界スーパーライト級王者。映画「あしたのジョー」に解説者役として出演。帝拳プロモーション代表。

第2章／大山倍達と石橋雅史

母の教え「体を張って命を懸けろ」

終戦からまだ2年も経っていない。日本中の誰もが必死に生きていた。生きるだけで精一杯だった。1947（昭和22）年。援助物資で学校給食が始まり、5月には日本国憲法が施行された。年末には初めて宝くじの1等賞金がこれまでの5倍に跳ね上がり、100万円の大台に乗った。日本が前を向き、一歩一歩前へ進もうとしている。苦しい生活から何とか抜けだそうと、100万円の夢を見ている人もいる。

そんな年の7月31日、山崎照朝は母・とみ子の実家である疎開先の山梨県東山梨郡大和村（現甲州市）で生まれた。山崎家の次男、5人きょうだいの4番目。冬には隙間風が吹き込み、天井を見上げればわずかに空が見えるあばら家だった。

疎開前、東京都板橋区に住んでいた父・勝芳《かつよし》は石工の職人として、上野駅などの建設に携わり、国内で指折りの腕前だったという。だが、山梨での仕事といえば土木工事だけ。給料は3分の1に減った。職人の高いプライドが邪魔をして、土木工事には本気になれない。3日働いては20日寝る生活になってしまった。堕落した父の姿を見て母はぼやいた。

「3日ではなくて、せめて1週間働いてくれたら、我が家の暮らしは楽なのに」

山崎は小学生ながら金を借りに行ったこともある。

「生活費が足りず、懇意にしていた学校の先生に借金をしに行くんだ。最初は母で、二度目からは俺が行かされた。すごく嫌で、『金なんて、この世になければいい』と思ったな。俺以外のきょうだい

疎開先での生活は貧しいものだった。山崎の小学校入学を記念して家族7人で。(上段左から)照朝、長姉・幸恵、兄・正生(下段左から)次姉・愛恵、母・とみ子、弟・照道、父・勝芳

は、将来お金に苦労しない家庭を思い描いていたようだけど、俺は最低限で十分。むしろ、お金が嫌いになったな」

絵に描いたような貧乏暮らし。だが、金持ちになりたいとは思わなかった。むしろ逆の考えになる。分相応、必要最低限の生活費さえあればいい。それで幸せだったのである。

大和村は山肌を切り開いた渓谷にある細長い村だった。ぶどうの産地として有名な勝沼町に隣接し、ぶどうや桃などの果樹園、桑畑が多かった。

物心ついた頃から母を手伝った。貧乏をしのぐためのアルバイト。春は肥料を運び、秋はぶどうや桃などの収穫物を背負い、くねくねとした山道を歩く。道は舗装されていない。歩きづらい。家から目的地の畑までは近くても40分、遠ければ1時間半以上もかかった。

母からは「照朝、強くなりなさい」とよく言われた。一緒に歩くときには、「武士道とは…」「侍とは…」と少し難しい話をされることもあった。１００パーセント理解していたかは分からない。だが、母の言葉は深く心に残っている。

「母がよく言っていたのは、貧しかったら頭を使え、金がなければ体を張れ、命を懸けろ。死ぬのはいつでもできる。死ぬ気になったら、人間何でもできる。そういう教えだったな」

毎日のように荷運びを手伝った。すると、中学に入る頃には、ぶどうや桃などが詰まった1箱約4キロを12箱、計50キロ近くを背負って運べるようになっていた。夏は草葉が道に広がり、冬は露で滑りやすい。上りはまだいい。下りは一歩一歩気をつけて歩を進めていく。転ばないように、つま先にぎゅっと力を入れる。歩くたびにつま先に神経を注ぐ。次第にふくらはぎや太ももがぶるぶると震えてくる。足腰は自然と鍛えられた。

9歳上の兄・正生《まさみ》が当時の苦しい生活を語る。

「疎開者にはきつかったな。ぶどうを食べていたら、『どこから盗んだんだ！』と泥棒扱いされたり、『貧乏人がよく高校行けるな』と陰口をたたかれたり。まだそういう時代。俺の頃は家族にこき使われてばかりだったけど、照朝の頃からようやくバイトをしたら、少しお金をもらえるようになった。川から道路まで舗装されていない道をリヤカーで4キロくらい引っ張っていくこともあったな。生活するのに本当に必死だったんだよ」

喧嘩に強くなりたい

1963（昭和38）年4月。山梨県立都留《つる》高校の入学式。

既に身長177センと体が大きかった山崎は明らかに目立っていた。校庭で整列をしていると、中学校の頃から有名だった同級生の不良グループ「番長連合」の6人組に囲まれた。じろじろと下から顔をのぞき込んでくる。山崎は微動だにしない。一切相手にしなかった。「番長連合」にとって、その振る舞いが気にくわなかったのだろう。

約2週間後、山崎は再び囲まれ、今度は男子便所に連れて行かれた。すると、いきなり、番長が金的蹴りをしてきた。

「この野郎！」

山崎が怒鳴り、殴りかかろうとしたとき、一人の生徒が便所に入ってきた。

「おまえら、何やっているんだ」。みんなの視線が生徒に集まる。

「おう、山崎じゃねえか。どうした？　何やっているんだ？」

知り合いの上級生だった。

6人組の輪が解ける。

「おまえ、覚えておけよ」

番長は捨て台詞を吐き、便所を後にした。

山崎が振り返る。

「あのときは、先輩が入ってきて、正直助かったんだ。でも、その後も番長は剣道二段で、みんなから『すげー、

高校時代の山崎はいつも帽子を目深にかぶっていた

すげー』と言われていて、『あいつは誰それをやっつけた』とか武勇伝も伝わってきた。そのとき、俺はね、喧嘩《けんか》に強くなりたいと思ったんだ。あれがすべての始まり。あのときの気持ちがすべてだよ」

しばらくすると周囲から、今度は副番長の評判が聞こえてきた。

「あいつは空手を習っているんだって。道場に通っていて強いらしいぞ」

山崎と空手との出合いだった。

「空手か…」。頭の中でその言葉を反芻《はんすう》した。番長が習っている剣道はどういうものか分かる。しかし、副番長が通っている空手道場とはどんなものなのか、まったくイメージがわかなかった。

山崎は入学と同時に野球部に入部。山梨県内のライバル校、甲府商の同学年には、のちに巨人のエースになり、通算203勝をあげる堀内恒夫がいた。夏の甲子園に向けた県大会2回戦で対戦。試合は2―14で惨敗だった。堀内の剛速球に歴然とした力の差を感じ、夏が終わると退部した。体操部に入り直したが、できるのは逆立ちとバク転くらい。どうも性に合わない。

ずっと空手が頭にこびりついていた。

1964（昭和39）年、東京五輪が幕を閉じ、日本中が興奮冷めやらぬ頃。高校2年の秋だった。たまたま学校帰りに購入したスポーツ新聞に掲載されていた小さな広告が目に留まる。

「空手　極真会館が完成　練習生募集」

場所は「東京・池袋」と記してある。遠い。自宅の大和村からは、ざっと計算してみると、電車を乗り継いで3時間以上はかかる。

「副番長が習っている空手というのはどんなものか、実際に見てみたいと思ってね。その広告をずっと持ち歩いていたんだ。喧嘩に強くなりたい、空手は喧嘩の道具として使えるのか。その一心だよ。でも、近くに空手道場はない。副番長と一緒の道場に行くわけにもいかないだろ。遠いけど、よし、日曜日に池袋まで見学へ行ってみようと思ったんだ」

山崎は極真空手の創始者が大山倍達であることも、「牛殺し」の異名を持つことも知らなかった。

極真会館に入門

11月末、日曜日の昼間、東京・池袋を訪れた。

池袋駅の西口から歩いていくと、大きくそびえ立つ立派なビルがある。5階建て。極真の本部道場だった。

恐る恐る見学に来たことを伝えると、２階に案内された。道場は11月10日に引っ越しを済ませ、20日に開館式典が行われたばかり。木のいい匂いがする。

空手の稽古をじっくり見る。

基本稽古、移動稽古、約束組手。それぞれの動きに迫力はある。だが、これで喧嘩が強くなるとは思えない。翌週、その翌週も日曜日の昼間に足を運んだ。何度稽古を見ても心に響かなかった。

これが最後と決めた4回目の見学。初めて土曜日の夜の稽古を見学した。そこで初めて自由組手を目の当たりにする。本当の殴り合い。喧嘩だった。素手で殴る。肘を入れる。思い切り蹴る。一発の蹴りで相手が倒れている。顔面であろうが、急所であろうがお構いなし。何でもありだ。殴られ、伸ばされている者もいた。空手と喧嘩が結び付いた。

「もうすごい迫力。あれを見た瞬間、『これはやばい。空手をなめちゃいかん。空手を覚えないと喧嘩に勝てない』と思ったね。あのとき見たのは渡辺（一久）先輩と大山泰彦先輩。泰彦先輩が正拳を顔面に入れたら、渡辺先輩は投げる。そうしたら泰彦先輩がすぐにサッと立って、また向かっていく。あれは喧嘩、すぐに空手をやろうと決めたんだ」

１９６４（昭和39）年12月、極真会館に入門した。山崎、17歳のときだった。

ただ、喧嘩に強くなりたい。それが原点だった。

「歌手目指す」とうそ

入門の手続きを済ませたのはいい。だが、難問があった。さて、どうやって両親を説得するか。いや、だますのか。

富田常雄の小説『姿三四郎』がテレビドラマで放送され、黒沢明監督は映画化し、リバイバル上映もされた。柔道は善玉、空手は悪役。世間のイメージが固まっていた。テレビや映画に出てくる空手の使い手は、ほとんどが柔道の敵役。不良がやる空手を習うなんて、許されるわけがない。

どうすれば、家族に内緒で山梨から東京・池袋の道場まで通えるのか。数日間、そのことばかりを考えていた。

東京には5歳上の次姉・愛恵《なるえ》が住んでいた。中学卒業後、松竹歌劇団に入り、スターの座を目指している。両親は姉が少しでもテレビに映れば喜び、将来を楽しみにしているのが手に取るように分かった。山崎家の期待の星となっていた。ひょっとして「芸能界入りが目標」と言えば、姉のように東京に行けるのではないか、と妙案が浮かんだ。

「両親に、俺も芸能を目指したい、歌手になりたい、そのために東京の歌謡スタジオに行きたいと言ったんだ。空手を習うため、東京に行くための口実としてな」

その頃、ちょうど「御三家」と呼ばれる十代後半から二十代前半の歌手が脚光を浴びていた。橋幸夫が吉永小百合とのデュエット曲『いつでも夢を』を歌い、舟木一夫が『高校三年生』でデビュー。山崎と同い年の西郷輝彦は『君だけを』をヒットさせた。

姉に感化され、「御三家」を夢見て、俺も歌手を目指す——。両親を説得させる材料はそれとなくそろっていた。まずは母に歌手の夢を話し、東京行きの許可を得てから父に相談した。半ば強引に話を進め、姉の紹介を受け、東京・中野にある「上原げんと歌謡スタジオ」に毎週火曜日と土曜日に通うことになった。

帰宅は未明の3時

高校生活が一変する。これまで体操部に所属していたが、終業のチャイムが鳴ったと同時に部活をサボり、帰宅していた。だが、授業が終わると、慌ただしくなった。

都留高校から歩いて約15分の大月駅へ急ぎ、午後4時17分発、新宿行きの電車に飛び乗った。

午後6時30分からの稽古開始には間に合わない。道場に到着するのは午後7時頃だった。

そこからみっちり汗を流す。必死に稽古に食らいついていく。通常の稽古が終わるのが9時すぎ。稽古が終わっても、居残りで先輩に組手をお願いした。

「先輩たちは『稽古が終わってからが本当の稽古』と言っていたからな。道場の掃除が終わって、そこからまた組手をやるんだ。なかなか自分からは終わりにできないし、先輩が『もう終わりにしよう』と言うまで、やり抜くことを心掛けていたな」

稽古の後、池袋の道場を出て、歌謡スタジオに駆けつけることもあった。少しばかり歌の練習をして「出席」のはんこを押してもらう。家族への"アリバイ作り"は大切なことだった。慌てて新宿駅に向かい、午後11時30分発、松本行きの夜行列車に乗らなくてはならない。

車内はがらがら。サラリーマンが数人いる程度。もちろん学生服を着ているのは山崎だけだった。冬の季節はスキー客とおぼしき乗客で車内は賑わう。

組手で蹴られた足が痛い。冬は座席が温かくなり、体がぽかぽかして、次第に痛さが気持ちよさに変わっていく。大月駅を経て、自宅の最寄り駅である初鹿野《はじかの》駅に到着するのは深夜1時58分だった。

駅から自宅へ向かう夜行バスはもう走っていない。

月明かりに照らされながら、舗装のされていない道をとぼとぼと歩く。その日の稽古を思い出し、道場訓を叫びながら、夜道を30分、足が痛むときには引きずりながら1時間近くかけて家へ帰った。帰宅は未明の3時に近かった。

山梨から池袋まで。行きは3時間、帰りは3時間半から4時間。往復約7時間。だが、決して苦ではない。むしろ楽しい。授業を終えて高校を飛び出した数時間前と比べ、少しは強くなって帰ってきた気がする。週2、3日はそんな生活をしていた。

幸運というべきか、山崎の自宅は川沿いにあった。台風シーズンになると、川の勢いは増した。家族は氾濫を恐れ、自宅から少し離れた山側にある古い家を購入し、一時的に山崎と兄の正生は家族から離れて住んでいた。

実家近くを流れる日川のほとりで、山崎は稽古に励んだ

正生が当時の山崎の怪しげな行動を回想する。

「照朝は歌手になるために東京に行っていると思っていたんだ。いつも夜中にコソコソ帰ってくるから、深夜にぶどうをトラックに積むアルバイトをしていると思っていたら、空手をやっているのを白状してな。『親に見つかったら知らんぞ。怒られるぞ』と言ったんだ」

「真を極むる」厳しい稽古

極真会館は、大山倍達が創設し、フルコンタクト（直接打撃制）で実戦的な武道空手を掲げていた。宮本武蔵の『五輪書』にある「千日の稽古を鍛《たん》とし、万日の稽古を錬《れん》とす」を踏まえ、大山は「千日をもって初心とし、万日をもって極とする」を座右の銘としていた。「真を極《きわ》むる」空手、すなわち「極真空手」。組織の名称を「極真会」とした。

石割りの実演をする大山倍達。山崎は命を懸けて戦うことの大切さを大山から学んだ

稽古は激しく、厳しかった。

極真会館の前身、大山道場から通い、のちに「小さな巨人」と呼ばれた藤平昭雄は、大山から「最も稽古をした男」と評された。大山道場時代は深夜まで練習し、近所から通報されるほどだった。極真の本部道場では地下の稽古場に寝泊まりしていた。

藤平は静かな口調で当時を振り返る。

「極真は大山道場のときから日本で一、二の厳しい練習をやっていたと思いますけどね。原則は顔面にパンチを打っちゃいけないんだけど、当たっちゃう。当たったら、避けられない方が悪いとなる。歯はなくなるわ、鼻血はバンバン出るわ。辞める人も多かったけど、強さに憧れている人がたくさんいましたよ。（池袋の）本部道場は1階が畳になっていたから、今でいう総合（格闘技）みたいな組手をしてね。私は講道館で柔道の黒帯をとっているから、空手の稽古が終わると、寝技ありの組手を2時間くらいぶっつづけでやるんですよ」

立ち技だけの空手ではない。当時の極真はあくまで実戦を想定し、寝技になってもそのまま組手を続けていた。歯が欠け、血を流そうが、誰もが強くなるため、必死に稽古に励んでいた。

道場の先輩たちは山崎が抱く強さへの憧れを感じていた。

当時、指導員だった加藤重夫はあの日のことを忘れはしない。1964（昭和39）年の大みそか。道場で稽古をしたのはわずか3人しかいなかった。その中に山崎がいた。

「山崎は練習する気力が違っていました。よくもまあ、こんな日に山梨から通ってくるなあと感心しましたよ。道場は寒くて、でも暖房は入れないから足が凍るくらい。そんな中で人一倍練習する。他の人とは目つきが違っていましたね。あの日はね、掃除が終わったら館長（大山倍達）が来てね。『飯を食え』とご馳走してくれたんだよなあ」

当時の極真の組手はノールール。何でもありだった。

安田英治、黒崎健時、大山茂、中村忠、大山泰彦、郷田勇三、藤平昭雄、加藤重夫、芦原英幸ら錚々《そうそう》たるメンバーがそろっていた。

練習では当たり前のように顔面を狙ってくる。手にタオルを巻いているのは相手をおもんぱかってのことではない。自らの拳をけがしないため。相手を床にたたきつけることもあれば、急所だって蹴ってくる。投げるだけでなく、髪の毛をつかんで引きずり回す者もいた。それも技のうちだった。一方が「参りました」と言うまで組手は続いた。

苦笑いを浮かべ、加藤が回想する。

「当時の極真会館は黄金時代の始まり。芦原もいたし、盧山《ろうやま》（初雄）もいた、中村忠さんにしても、山崎にしても、みんな変わっていましたよ。組手ではボコボコになるまでやるし、脱落者がたくさんいて当たり前。それはもう厳しいですよ。体格が違う外国人と組手をやらせたりして、今考えるとめちゃくちゃでしたね」

喧嘩十段・芦原英幸との組手

山崎と切磋琢磨し、のちに「城西の虎」「極真の虎」と呼ばれる添野義二は最初に会った日のことを覚えている。

「俺は高校のときに暴れてネリカン（東京都練馬区にある東京少年鑑別所）に入れられて、空手をやっちゃいけないと…。その後、道場に戻ってきたらあいつが来ていたんだ」

二人は同じ1947（昭和22）年生まれ。添野は山崎より3カ月ほど早く極真の門をたたいた。まだ池袋の本部道場が完成する前、前身の大山道場の頃だった。小学校から柔道に励み、空手は極真の前に別流派の和道流の道場に通い、腕を磨いていた。

「やっぱり極真は荒かったよな。山崎は本人も努力したんだろうけど、普通の人とはちょっと違うよな。初めて会った瞬間から光るものを感じたから。努力型ではなく天才型だよ」

猛者が集う極真の道場で、最も荒々しかったのが、のちに「喧嘩十段」と呼ばれた芦原英幸だった。股間、顔面をあからさまに狙ってくる。急所を蹴ることに躊躇がない。

山崎は顔面を強打されると、本当に目の奥で火花が散ることをそのとき知った。

「芦原先輩は顔面でも金玉でもスパンと蹴る。普通は顔面とか急所はなかなか当たらない。それが百発百中。あれは達人だよね。一切、顔色を変えずに入れるんだ。倒れた奴に『大丈夫か？』と聞いて『大丈夫です』と答えたら、すぐにバーンと思い切り殴る。それで『おまえが大丈夫と言ったから打ったんだよ』と平然と言う。確かに組手では『参りました』と言わないと終わらない。そういうことをきちっとできるのが芦原先輩。バチッと蹴る、殴る、最後まで打つ、それが持ち味。俺は尊敬していたね」

多くの強者が芦原を敬遠する中、会うたびに「お願いします」と言って、手合わせをした。芦原はニタッと笑い、「よし、やろうぜ」と勢いよくやってくる。

山崎は守るのに精一杯だった。だが、絶対に下がらない。芦原が向かって来たら、山崎も前に出る。1ミリたりとも下がらない。どんな体勢になっても、倒れたとしても芦原から目をそらさない。そう心掛けていた。

「俺は芦原先輩がいたから強くなったんだ。強い奴にはあらゆる手を使ってでも勝ちにいく。先輩からそういう姿勢を学んだ。極真は荒っぽくて有名だったけど、俺にとっちゃ当たり前。他の空手を知っていたら『こんなの空手じゃない』と言えるけど、俺はあれが当たり前の空手だと思っていたな」

普段の生活を稽古に

極真会館館長の大山倍達は稽古後に必ず訓示を述べた。

剣豪・宮本武蔵や武士道について説くことが多かった。親交があった史上最強の柔道家・木村政彦やプロレスラーの力道山がいかに稽古をしていたか、それに引き換えきみたちは…と説教に及ぶこともあった。

それは山崎の琴線に触れた。師の言葉は母・とみ子の教えと重なったのである。

「幼い時から母がよく『武士とは…』『命を懸けて戦うのが侍だから』と話していた。館長も同じことを言う。だから言葉がスーッと入ってきた。

師にあこがれ、何ごとにもチャレンジ。瓦割りを披露する山崎

母は疎開先の貧しさから抜け出すための戦い。館長は強さを追求するための闘い。館長を批判する人もいるけど、俺は一つもそう思わなかったな」

道場生の間に、まことしやかに流れる大山の武勇伝があった。

筋力トレーニングで限界の重量に挑戦し、持ち上がらないと見るや、おしりに針を刺してもらう。するとクイっと持ち上がる。弟子たちが中途半端な組手をしていると、3本指で10円玉をカッと曲げてピーンとはじく。10円玉は道場内にコロコロと転がり、弟子たちはゾッとする…といった具合である。

「先輩からいろんな話を聞いたりして、惹かれていったねえ。館長から『昔はこれだけ練習したんだ』と手帳を見せてもらったことがある。ベンチプレスとかスクワットの筋トレや稽古の回数を示す『正』の字が黒い字でびっしり並んでいた。『正』の字でページが埋まっていたんだ。ああ、これは俺にはできないなと思ったね」

少しでも師に近づきたい。その思いを実行に移す。

「館長が『木村政彦は激流の川で何時間も砂利取りをして足腰を鍛えた』と言うんだ。俺も普段の生活を稽古に変えようと考えた。山梨の畑仕事でも仕事と思うと辛い。でも、トレーニングと思うと楽しくなってくる。頭を切り替えて、畑に行くのは体力作り。技は道場で磨けばいい。山道をジャンプして歩いたり、河原に行けば、石を割ったりしてな」

木村は「木村の前に木村なく、木村の後に木村なし」「鬼の木村」とうたわれた最強の柔道家。山崎は自らを木村の鍛錬と重ねることによって、師・大山に少しでも近づこうとしたのである。ぶどうや桃の荷運びだけでなく、重労働の土方仕事や石運びのアルバイトにも精を出した。重い壁石は約30キロもある。それを2つ、約60キロ背負い、足場の定まらない山道を歩く。道場に行けない日はアルバイトに励んだ。日常生活が稽古になっていた。

大山のひと言で月謝免除

高度経済成長期、「3C」と呼ばれる自動車、カラーテレビ、クーラーの普及率が高まった1965（昭和40）年の暮れ。街には歌手・加山雄三のヒット曲『君といつまでも』が流れていた。

東京・池袋の極真会館。山崎は道着に着替え稽古を始めようとしたとき、師範の中村忠に呼び止められた。空手を始めて1年が過ぎていた。

「おい、駄目だよ、きちんと月謝を払わないと」

空手を習っていることを家族に内緒にしていた山崎は半年以上、500円の月謝を滞納していた。

困り果てる高校生の後ろから大きな声が聞こえてくる。

「何をしているんだね？」

外出から戻ったばかりの大山が立っていた。

身長１７５センチ、体重90キロ。体格だけではない。何人たりとも近づけないオーラ。厚ぼったい一重まぶたと太いまゆ毛は迫力がある。

「月謝を払わないから注意をしていたんです」

その中村の言葉を聞き、大山は鋭い目つきで山崎の顔をのぞき込んだ。何かを確認しているようだった。

そして問いかける。

「きみ、『くに』はどこかね」。独特の大きな声。よく通る声だった。

「山梨です」

「いや『くに』だよ。きみの『くに』はどこかね」

山崎には大山が言う「くに」の意味が分からなかった。「故郷」ではなく「祖国」を問われていた。

「山梨です」

「うーん…。山梨のどこかね」

「山梨の大和から通っています」

「家から道場まで何時間かかるのかね」

「3時間以上かかります」

「うーん…」

大山はうなったまま、なおも山崎の顔をじっとのぞきこんで言った。

「きみはすごく空手が好きなんだろう。月謝なんて、お金がある時に払えばいいんだ。すぐに稽古をしなさい」

「押忍《オス》」


大山は韓国生まれで、かつての名を崔永宜《チェヨンイ》という。山崎を一見して同胞と思い、シンパシーを感じたのかもしれない。それが違うと分かっても、高校生が片道3時間以上もかけて道場に通う情熱に感じ入った。大山の脳裏に「山崎照朝」が深く刻まれた瞬間だった。

以後、山崎は二度と月謝を催促されることはなかった。金銭のことを考えず、強くなりたい、喧嘩に勝ちたい一心で空手へのめり込んでいく。師との初めてのやりとりは、のちの山崎の空手道、生き様に多大な影響を与えたのである。

大山は韓国で中学時代にボクシングを始め、18歳から京都で剛柔流空手を学んだ。その後、東京で別流派の松濤館《しょうとうかん》に入門、再び空手を習う。自己流の筋力トレーニングに励み、とにかく力が強かったという。1952（昭和27）年に渡米し、空手の演武と指導を行う傍ら、同年5月6日には米アイオワ州でプロレスのリングに上がった記録が残っている。「マス東郷」と名乗り、遠藤幸吉と対戦経験のあるプロレスラー、ジェリー・ミーカーと「JIUJITSU（柔術）」マッチで激突し、8分53秒、勝利を収めた。

東京・目白の野天に「大山道場」の看板を掲げたのは54（同29）年から。大山倍達の名を広めたのは二度に渡る牛との闘いだ。同年1月14日に千葉県館山市の海岸で映画『猛牛と闘う空手』が撮影され、56（同31）年11月11日には東京・田園コロシアムで562キロの雷電号と対決する場面が、KRT（現TBS）で放映された。以降、「牛殺しの大山」と呼ばれるようになった。

極真の前身、大山道場から通っていた藤平昭雄は、大山の教えは独特だったと証言する。「館長の教えというのは、力というものを（前面に）出すんですよ。力も技術、技のうちだと言う。普通は力のことは言わない。柔道、合気道、剣道でもみんな技のことばかり言う。館長は米国に行って、体が大きい人を体感して、力が必要だと思ったんだろうね。いくら技があっても、本当に力のある人には通用しないなと。実際に、館長の圧力は本当に凄かった。体は大きかったしね」

山崎は大山の考え方に感化された。

「10円玉を曲げるとか、みんなまねしようとするけど、絶対にできない。鍛える意味とは何か。館長は『きみ、強かったら握手しただけで終わりだよ』と言っていた。館長の握力があれば、殴るとか関係ない。常に実戦のこと。生きるか死ぬかの真剣勝負を考えていた。それが大山倍達の強さであり凄さ。『力なき正義は無能なり』と言うことだな」

空手から離れれば、人間味にあふれ、多くの人を惹きつけた。大きなよく通る声で、武士道精神を説き、稽古が終わると、弟子たちを池袋の西口にある焼き肉屋「三宝苑」に連れて行き、たらふく食べさせた。

流麗な組手の達人・石橋

師・大山のとりこになった山崎は空手に夢中になっていった。ただ、大山は海外に出掛けることが多く、必ずしも道場にいたわけではない。そんな折り、山崎は一人の男に目を奪われる。

身長177センチ、体重63キロ。自分と同じ体格の持ち主。細身で背が高い。独特の動きは柔らかくしなやか。そしてなにより強い。

男の名は石橋雅史《まさし》（本名は雅美）。

極真と別流派の空手、剛柔流八段の猛者だった。元柔道家でオランダ格闘技界のカリスマ、身長191センチ、体重110キロのジョン・ブルミンと幾度となく組手をして育てあげたことで有名だった。石橋はのちに俳優としても名を馳せる。70（昭和45）年『野獣都市』（東宝）で映画デビュー。テレビでは『科学戦隊ダイナマン』など戦隊シリーズ、時代劇『水戸黄門』『大岡越前』などにも多数出演した。大山から一目置かれ、極真会館以前の大山道場時代から師範代として指導にあたっていた。

「僕は剛柔流をずっとやっていて、大山先生と知り合って、大山道場の門をくぐったというのかな。まだ大山道場が立教大学裏のバレエスタジオの頃、大山先生から『きみ、教えてやってくれ』と頼まれてね。しばらくして、極真会が（池袋に）ビルを建てたら、『きみ、なんとかならんかね？』と例のあの言い方でね。それで戻ってきて、もう一度教えるようになったんです。大山先生はああいう方ですから、正拳突き100本とか、蹴りをやっていろ、とか、あまり細かく教えることはなかった。僕は日大芸術学部にいて空手部でキャプテンをしていたことがある。だから、そのときの指導法で柔軟体操から始めて、基本稽古、移動稽古、形、約束組手、自由組手とか系統立てて教えるようにしたんです。お手伝いをし始めた頃に、ちょうど山崎君が入会してきたわけ。まだ高校生だったかな」

「華麗」「美しい」「芸術的」と評される山崎の空手。その原型をつくった、もう一人の師は石橋である。

「石橋先生は俺の組手の原点。綺麗だし、大きいし、構えを大事にした。俺がまねしたのは大山館長と石橋先生。師と呼ぶのも二人だけ。大山館長はパワーの空手。石橋先生は体を柔らかく使う剛柔一体の空手。二人には極めたものがあったんだ」

大山の身長175センチ、体重90キロから繰り出す突きや蹴りは迫力がある。「技は力の中にあり」がモットーのパワー空手。一方、石橋の動きは変幻自在で「円を描く流麗な組手」だった。コマを回すと軸を中心に静止して見える。体にしっかりとした軸を持ち、バランスを崩

約４０年ぶりに再会し、一緒に稽古に励んだ石橋雅史（右）と山崎
（２０１３年3月２日、東京都府中市総合体育館）

さず円運動を描きながら、素早い身のこなしで相手の懐に入っていく。攻撃されても正面から受けずにかわし、クルッと回ってから蹴る。攻める。そして倒す。「柔よく剛を制す」を地でいく達人。大山と何度も組手をした石橋はパワーに対抗するため、思考を巡らせたという。

「大山先生は力が強い。佐渡島の余興に行ったとき、10円玉を人さし指と中指の真ん中に乗せ、親指に力を入れ、3本指で曲げたのを見たんです。ゆっくりむにゅーっと曲がっていく。10円玉がしなっていくんです。腕立て伏せは3本指から2本にして、最後は1本指でもやっていた。あの大きい体でね。そうやって鍛えていた。パワーがあるから捕まったら大変。でも、大山先生には、いわゆる小技はなかった。バーンと怒涛のごとく来ますから、僕は逆に動く。変化する。直線運動では体の大きい人に勝てない。だから円運動が大切。小さい者、非力な者が大きくて怪力な者に勝つのが術、技、武道なんです」

体型の似た、線の細い山崎に術、技、武道とは何かを伝えたのである。

稽古が終わると、石橋は山崎を呼び止めた。

「おい、まだ続けてやろう」

「押忍」

マンツーマンで指導した。実際に見本を示して、山崎にやらせる。体の変化から細かいひねり技まで。できるようになるまで何度も繰り返す。時に激しい組手で鍛え上げた。

「山崎君を最初に見た時『硬いな』と思いましたけどね。とにかく一生懸命にまじめに食ってかかる。何かを知ろうとする。探ろうとする。何かを吸収しようとする人の目はすぐに分かる。そうじゃなかったら、私は稽古後に残して特別に教えるようなことはしませんよ。あの目、強くなりたいという姿勢。『コイツはいけるんじゃないか』と思いましたね」

石橋から見て、山崎は強さに貪欲な目つきだった。

当時、極真には体のがっちりした猛者が多かった。どうすれば体重60数キロの男が勝てるのか。直進的な動きではなく、変化や円運動をたたき込んだ。攻撃するときも、受けるときも。

「彼は極めることに執着していた。最初は硬かったのにどんどん変化していく。特に正拳突きと蹴り技が良かった。剛柔流は接近戦が多いから手数が多い。しかも、相手が近くても単発ではなく、下段を蹴ったと思ったら、上から回し蹴りで蹴り落とす。蹴りを変化させる。彼はそういう動きに興味を持っていた。相手の動きによって自在に変化する術を覚えていったね。細くてもああいう動きで対抗できる、と研究していたんでしょう。私も教え子として、すごく印象に残っていますよ、山崎君は」

山崎は大山、石橋という対照的な二人の師をじっくり観察して、寸分の狂いもなくまねをした。拳の握り方、引き手、蹴りや受けの角度、指先から足先まで。細心の注意を払ってまったく同じ動きをするよう心掛けた。

最短記録 入門2年4カ月で黒帯

高校を卒業する頃には、空手に通っていることが家族に見つかり、学校でも知れ渡り、「番長連合」とも仲良くなっていた。同級生は次第に進学や就職が決まっていく。だが、山崎の頭の中は将来のことより、空手で埋め尽くされていた。稽古ができる環境さえあれば、それでいい。

心の中では東京に行って、空手をすると決めていた。高校での進路相談で「東京に出て喫茶店で働くつもりです」と伝えると、「せっかく高校を出て、喫茶店はないだろ！」と叱られた。心配した高校の先生から東京・浅草橋にあるゴム製品を扱う「丸一産業」の営業職を紹介された。

「早く東京の生活に慣れたいから」と家族を言いくるめ、卒業式の翌日、日暮里のアパートへ引っ越した。一日でも早く東京に住みたかった。道場の近くにいたかったのである。

入社初日、山崎は学生服で出勤した。親から「スーツを買いなさい」と渡された金は

山崎は身長１７０㌢を超えるの相手のはるか頭上に蹴りを放っている（１９６９年、愛媛県八幡浜市）

新しい道着代へと変わっていた。

仕事が終わるのを待ち、道場へと飛んでいき、思い切り汗を流す。充実した稽古を終え、4畳半のアパートの部屋へ帰る。一人の時間になると、柔軟体操や突きの練習を繰り返した。いつからか、裸電球から垂れるスイッチの紐《ひも》を左右交互にひたすら蹴り続けるのが日課になっていた。足を思い切り蹴り上げ、素早く引く。遅いと足に絡まって、紐が切れてしまう。頭の中でイメージして、高く蹴り上げ、すぐに引いた。それでは飽き足らず、4キロの鉄下駄を足に巻き、蹴ることもあった。座布団を敷いて、住人に響かぬよう、音を立てずに足を下ろす。より高く、より静かに。それが難しかった。

日常を稽古に変えるのは東京に来ても変わらない。電車では座らず、つま先立ち。鉄下駄を履いて山手線に乗り、道場へ向かうこともあった。

正拳突き、手刀打ち、蹴り、受け、払いといった基本稽古から始まり、移動稽古、形、そして組手へ。道場破りが来ると、茶帯になった山崎が相手にすることも増えてきた。

「よく教わりなさいよ」

大山の野太い声が響き渡る。これは極真の道場生だけが知る隠語だった。

山崎は当時を思い出し、説明する。

「館長が『よく教わりなさいよ』と言ったら、相手を殴れ、倒せ、伸ばしちゃえ、ということ。館長はじっと黙って見ている。それで『うーん…』と唸りだしたら、何をやっているんだ、早く伸ばせ、ということ。それはもう緊張感があったな」

隠語は他にも「当てるな」があり、「よく教わりなさいよ」と同じ意味だった。相手を伸ばさないで道場から帰らせると、大山からひどく叱られた。

のちにキックボクシングのリングに上がる岩見弘孝との組手で顔面を殴られた。いつものように目の奥で火花が散る。鏡を見ると、鼻が「く」の字に曲がっていた。悔しい。不甲斐ない。自らの拳で反対側から殴り、くの字を元に戻したこともある。

毎日、道場で稽古に励み、社会人2年目になったばかりの1967（昭和42）年4月15日、最短記録である入門2年4カ月で黒帯を取得した。当時、極真の黒帯は「1000人に一人」と言われるほどの難関だった。

山崎、添野とともに「極真三羽がらす」と呼ばれた及川宏（現姓・大川）も同じ日に黒帯を手にした。

「山崎と自分は一緒にグリーン帯、茶帯と進級していったんです。茶帯は至難だったし、当時は権威の象徴みたいなもの。そのときは二人で喜んで感動してね。極真の場合、組手をやって先輩を押すぐらいの迫力がないと大山先生は認めてくれない。誰もが茶帯、黒帯を取れるわけではないんです。でも、二人とも黒帯を取ったときは『当然だろう』と自信

左から小倉正一郎、山崎、藤平昭雄(大沢昇)、ヤン・カレンバッチ。背の高さは歴然だ

を持っていましたね。それくらい稽古をしていた。山崎は素晴らしく強かったです」

山崎は黒帯を巻いた直後、印象に残っている組手がある。

少しの間、会社を休み、故郷・山梨に帰っていた。池袋の本部道場に戻ってくると、オランダで極真空手を学んだ元柔道家のヤン・カレンバッチが稽古に来ていた。身長１８７センチ、体重１１０キロ。身長１７７センチの山崎が見上げるほど背が高く、体重は約45キロも重い。とにかく体が分厚く、パワーがある。

どうやらカレンバッチは組手が好きらしい。茶帯を総なめにし、黒帯にもどんどん挑んでくる。しばらく、カレンバッチと他の選手の組手を見ていた。半身に構えながら、長身を生かし、上から顔面へワン・ツーを打ち下ろしてくる。スピードもパワーもある。近づいたと思ったら、柔道経験を生かし、奥襟をつかんで足払いで相手を転がす。離れても接近しても隙がない。

「お願いします」。山崎との組手を望んできた。

「おう」。頭の中でイメージはできていた。大男とどう闘うべきか。師・石橋と身長１９１センチ、体重１１０キロのジョン・ブルミンの組手の話を本人や先輩たちから聞いていた。

「石橋先生はね、俺と同じ体格でも、大きな相手にめちゃくちゃ強かった。裏拳、肘打ち、頭突き、いろいろとやり方を教わっていた。『投げられたらまずいから。始めが大事』と言っていたんだ」

石橋とジョン・ブルミン。

山崎とカレンバッチ。

頭の中で闘い方が重なり合う。

カレンバッチはワン・ツーを放ち、突進してきた。だが、山崎は絶対に下がらないように意識した。それは芦原との組手で培った精神でもあった。相手はつかんで投げようとしてくる。山崎は道着をつかまれると、すぐに肘打ちを入れ、頭突きを放ち、投げられるのを堪えた。

今度は山崎が金的蹴りを狙う。カレンバッチはこれまで散々急所を攻撃されてきたのだろう。しっかりと防ぐ。「それならば」と山崎は指をまっすぐ伸ばして相手を突く「貫《ぬ》き手」を何度も繰り出した。四本指の貫き手はのど元へと放ち、二本指では相手の目を狙う。カレンバッチは一瞬ひるんだものの、瞬時に避け、貫き手をまともにもらわなかった。

山崎は「奥の手」を出した理由を説明する。

「俺は意識して貫き手を使った。あれをやらないとカレンバッチを抑えられない。スポーツ選手は反則をやってはいけない。大会のルールの中でどう闘って、どう勝つか。でも、道場は喧嘩。武道とスポーツは違うんだ。目ん玉が出ようが、のど元を折ろうが、どっちが先に命を捨てるか。そういうことを常に考えて空手をやっていたな」

山崎は1980（昭和55）年に出版した著書『無心の心』でカレンバッチとの組手についてこう綴っている。

〈私自身も、他の黒帯連中も、これほど体力の差を感じたことはなかった。彼はどんなごまかしにも乗らず、冷静に自分の体力を生かした組手をやっていた。ところが、我々の中では一番小さな藤平先輩が、この大男を制したのである〉

身長155センチ、体重53キロの藤平昭雄が187センチ、110キロのカレンバッチと30分もの間、壮絶な組手を繰り広げ、最後はカレンバッチが根負けする瞬間を山崎は目の前で見たのだ。

カレンバッチとの組手から学ぶことは多く、お互いを認め合うようになった。

「オランダに帰る前、『富士山を見たい』と言ったから、よし、俺の田舎の山梨に行こうとなったんだ。俺は兄貴から車を借りて、連れて行った。でも、すごい雪が降って、車が滑っちゃってな。峠を越えられず、富士山の近くまで行けなかった。それが心残りだな」

大男に「待ち拳」で対抗

大きな相手との闘いに興味を抱いた山崎に好機が到来する。米軍の座間キャンプ（神奈川県座間市）にある支部道場の指導を引き継ぐことになったのだ。

かつて、山崎は大山に尋ねたことがある。

「空手はどのくらいの体重差の相手まで闘えますか？」

「うーん、20キロまでならコントロールできるな」

師の答えが頭にずっと残っていた。

座間キャンプには体が大きく、80キロ、90キロの屈強な米国人がゴロゴロいる。山崎は身長こそ１７７センチあるものの、体重は63キロ。喧嘩となれば、どんな相手が向かってくるのか分からない。数十キロ重い相手との闘いは一つの課題であり、実戦で研究したいテーマだった。

「とにかく座間にはでかい奴がたくさんいた。力は日本人の数倍あるような兵隊を練習台にして、組手をよくやったな。あの頃は、力がある大きな相手にどうやれば勝てるのかをずっと考えていたんだ」

パワーで吹き飛ばされないように、後屈立ちを大きく構え、両手を前に突き出し、防御力のある「前羽《まえばね》の構え」や「天地の構え」を試したかった。あえて相手に蹴らせる。高い蹴りはすべて肘ではじくようにたたき落とし、低い蹴りは膝やすねでガードする。そのとき、１ミリたりとも下がらない。膝は高く抱え上げると中段蹴りも受けられる。

山崎は相手の攻撃を待ち、カウンターで攻撃する「待ち拳」を会得しようとしていた。

相手のパンチを伸び切る手前で封じ、威力を半減させ、自らの攻撃、パンチへと繋げていく。相手の攻撃をどこまで殺せるか、防御をして即攻撃できるか、実戦で磨いた。体重の重い選手との稽古で自信がついていく。どんなにパワーがあって、体が大きな選手を相手にしても恐怖心はなくなった。この闘い方はのちの山崎に大いに役立つことになる。

座間キャンプには苦い思い出もある。

練習後、汗でびしょびしょになっていた。みんなおいしそうに何かを飲み干している。米国人の道場生から「おいしいジュースだ」と手渡され、口にすると、シュワッとする。苦い。その表情を見て、みんなが笑っている。「おさけ」と日本語で言われた。米国のビール「バドワイザー」だった。山崎は酒が飲めない。稽古の後、みんなが飲んでいても、二度と手にすることはなかった。

指導員として後輩を教えることも多くなった。

極真の第2回全日本選手権大会王者となる長谷川一幸は、1967（昭和42）年8月28日、自らの19歳の誕生日に極真の門をたたいた。初日の指導員が山崎だったという。

「先輩に『喧嘩のつもりで構えてみな』と言われてな。そしたら急所をパチンと蹴られたから、構えを下げたら、今度は顔面にパチンって来た。昔の極真はみんなそうでした。

先輩はいつも稽古が終わった後、鏡の前で構えを一生懸命やっていました。鏡を見ながら（自分の）隙がないかの研究だったと思う」

第1回全世界選手権大会チャンピオン、佐藤勝昭は当時の道場の様子をこう語る。

「先輩は無口で研究熱心。指導も厳しかった。でも先輩が道場にいないと『いないのか…』とがっかりする。稽古をやっているうちに先輩が道場に入ってくる。そうすると『来た！』となって、嬉しいんだけど（背筋が）ピンとなっちゃってね。雰囲気が一瞬でピリッとする。毎日が緊張ですよ。道場の雰囲気を変えちゃう。ああいう人はいなかったですね」

日大農獣医学部に入学

山崎は稽古に邁進《まいしん》した。喧嘩に強くなるため、突きに、蹴りに、明け暮れる日々。それに加え、時代が山崎を空手漬けへと導いた。

「社会人になってしばらくして、上司から『きみは大学出か、高校出か』と聞かれてな。『人生、大学出と高校出で差がつくんだぞ』と言うんだ。高卒の俺はそれでカチンと来た。負けん気が出た。大学に行くと決めて、すぐに辞表を提出した。それからは道場に出て、受験勉強もする、その繰り返しの生活になったんだ」

1年半勤めた後、日本大学農獣医学部に入学する。ところが、世は大学闘争の真っただ中。学生たちは大学との団交で主張が認められないと、次々と大学構内をバリケードで封鎖した。1968（昭和43）年1月、「東大闘争」が始まり、日大にも波及する。5月には日大の全共闘（全学共闘会議）が結成され、大学側との大衆団交を求めて勢いを増していった。山崎が入学から2カ月後の6月、大学は封鎖された。

「でもな、いつ大学が再開されるか分からない。だから田舎にも帰られない。とはいっても、授業はないから、昼間はやることがない。これは道場に行くのが一番安上がりでいい、と思ってな。自然と道着を着て、空手に打ち込む環境ができた。よし、こうなったら、やってやろうと思ったな」

1年365日、4年で1461日。すべてを空手にささげる決意。根底には「千日をもって初心とし、万日をもって極みとする」という大山の教え、極真の精神がある。

「千日をもって初心とし…だから3年必死になって稽古しないと一人前とは言えない。俺も大山館長の弟子なら館長のまねをしてみよう、大学の4年間だけは空手にすべてを懸けてみようと思ったんだ」

大学に行くこともできず、道場に入り浸っていた頃、山崎にとって、いや極真の歴史において分岐点となる運命の1969年が幕を開ける。

不器用な生き方をする天才

極真三羽がらす

及川 宏

最初に会ったのは極真の本部道場が完成した頃です。俺も山崎もまだ白帯でね。ほとんど交流もなくて、話すようになったのはお互いにイエロー帯になった頃から。郷田（勇三）先輩、中村（忠）先輩もそうだし、特に芦原（英幸）先輩が、山崎と俺のことを非常に可愛がってくれましてね。そこから4、5人組ができて、飯に行ったり、喫茶店に行ったり。次第に山崎の日暮里のアパートへ行くようになりました。「及川、俺も頑張るから、おまえも頑張れよ」と励まし合ってね。兄弟の杯を交わして、ずっと一緒にいましたよ。

二人とも大山（倍達）先生の魅力にはまってねえ。もう無心で「よし、空手をやってやろうじゃないか」という熱い気持ちがありました。金銭面で困ったときには「俺が出すから」と互いに支え合い、まさに「及川頑張れ」「照朝頑張れ」の関係でしたよ。山崎のお姉さんが日暮里の部屋をきれいに掃除するために来るんです。そのときも「照朝を頼むわよ」と言われたりしてね。空手の仲間を超えていました。

山崎は背が高くて、色男で、空手が強い。組手をやってもかなわない。山梨ではぶどう園で山登りをしょっちゅうやっていた。だから足腰が強かったです。加藤（重夫）先輩、芦原先輩、郷田先輩とぼんぼん組手をやっていましたから。それはもう素晴らしかったですよ。だから、奴の3倍練習しないとかなわないと思っていました。

でも、人見知りというか。仲良くなれば身内には話すけど、あまりしゃべらない。一概には言えないけど、芦原先輩や添野（義二）は腰が低いところもある。だから、二人とも人気があったし、多くの弟子がつきました。山崎は自分の空手に対するプライドが高かった。ちょっと天狗といったらおかしいけど、自信がありすぎるのか、自分の中のポリシーを通しているというのかな。頭を下げるということがない。そうすると周りは近寄りづらいでしょ。不器用な生き方をしているな、と思っていましたね。

俺と山崎と添野は一緒の日に黒帯を取ったんです。それで「極真の三羽がらす」。俺が一番年上だけど、三男ですよ。長男は山崎か添野なのか分からない。山崎と添野はライバル心を持ちつつの関係でしたから。でも、山崎には飛び抜けたスター性がありました。自然と極真の看板になっていきましたよね。本当に3人の絆は固かった。キックボクシングでも一心同体となって極真を盛り上げた。山崎と添野が活躍したから、今でも「三羽がらす」として私の名前が出る。そういった意味でもすごく感謝しています。

おいかわ・ひろし　現姓・大川　1945年生まれ。千葉県出身。NETの「ワールド・キックボクシング」旗揚げ戦に参戦。第2回全日本選手権大会出場。拳真塾塾長。

第3章 「戦国キック」参戦

K―1を上回るブーム

1990年代後半から2000年代までの立ち技「K―1」ブームは記憶に新しい。ヘビー級ではピーター・アーツ、アーネスト・ホースト（ともにオランダ）、アンディ・フグ（スイス）ら外国人選手の牙城に佐竹雅昭、武蔵の日本勢が挑んだ。

K―1MAXと呼ばれる中量級では魔裟斗がスーパースターの座に君臨。抜群の格闘技センスとカリスマ性を併せ持つ山本〝KID〟徳郁《のりふみ》、派手な入場と奇想天外な試合スタイルの須藤元気らも人気を博していた。2002（平成14）年2月から04（同16）年6月までは日本テレビ、TBS、フジテレビと3局がそれぞれ2～3カ月に1回の特番を放映。総合格闘技PRIDEと歩調を合わせ、世は格闘技ブームとなった。

そこから遡ること30年。K―1を上回るキックボクシング旋風が吹き荒れていたことを知っているだろうか。

東京12チャンネル（現テレビ東京）の元プロデューサーでキックボクシング中継を担当した田中元和《げんな》は当時を振り返って、こう言い切る。

「K―1は年に数回の興行。大晦日にも開催したし、興行の規模を含めてイベントとしては高く評価されるでしょう。でも1960年代後半から70年代半ばのキックボクシングは、4つのテレビ局がいずれも毎週放送していた。まさしく戦国時代、キックボクシングが大隆盛していて、K―1よりもっともっとすごいブームでした」

「キックボクシング」とは野口プロモーション・野口修が考案した造語である。

日本ボクシング界の黎明《れいめい》期を支えた「ライオン野口」（本名・野口進）を父に持つ野口は、ボクシングのプロモーターとして選手発掘のためタイに足を運ぶうち、「ムエタイ」と呼ばれるタイ式ボクシングに魅了されていった。

キックボクシングのルールは、野口が大幅にアレンジした。ムエタイの「殴る、蹴る」に「投げる」を加え、「頭突き」も容認。この決断が、新興スポーツのブームを巻き起こす一つの要因となった。日本流のルールが完成する瞬間が、格闘技専門誌『月刊ゴング』1969年6月号に描かれている。

〈もちろん、野口プロだって、発足当時は、タイボクシングと同じルールだった。ところが、当然のことながら、最初はタイ人が強すぎ、日本選手は負けっ放し。ある試合でカッカしたセコンドが、「面倒だから、つかまえて投げちゃえ」とアドバイスした。選手がそれを実行すると、投げにモロいタイ人はスッテンコロリ。日本側の劣勢にイライラしていた観衆は大喜びで手をたたいた。そこで「投げを加えると、勝つ要素が出てくるし、お客も喜ぶ」ということになり、野口プロ—TBS独特のルールの登場となったわけだ〉

1966（昭和41）年、選手を探し求めていた野口は、剛柔流空手で日大芸術学部の空手部だった沢村忠（本名・白羽《しらは》秀樹）を見いだした。TBSは真空飛び膝蹴りを武器にする沢村の試合を67（同42）年2月26日の『サンデースポーツ』で初めて紹介した。以降、キックボクシングと沢村忠はじわじわと注目を集めていく。68（同43）年9月30日、月曜午後7時からの30分枠で定期放送を始めると、一気にブレーク。

■ キックボクシング、テレビ4局時代

テレビ局	TBS	日本テレビ	NET	東京12チャンネル
番組名	YKKアワー・キックボクシング	ゴールデンキックボクシング	ワールドキックボクシング	キックボクシング中継
写真				
看板選手	沢村 忠	錦 利弘	山崎 照朝	大沢 昇
定期放送開始	1968年9月	1969年1月	1969年5月	1969年8月
放送終了	1980年3月	1976年3月	1970年3月	1976年9月
曜日	毎週月曜	毎週木曜	毎週日曜	毎週土曜
時間	午後7時～（30分）	午後8時～（56分）	午後6時30分～（25分）	午後10時～（56分）

【注】放送曜日、時間は１９７０年３月時のもの。大沢昇（藤平昭雄）は日本テレビから移籍

「ＫＯ率90％」を宣伝文句に視聴率は20％を超えていく。

この人気を他局が見逃すわけがない。日本テレビは１９６９（昭和44）年１月２日から木曜午後８時からの１時間枠で放映を開始。主催する協同企画の役員には元極真の神村栄一が名を連ね、旗揚げ戦は極真を破門になった directly 盧山初雄が嵐五郎のリングネームでメインを務め、元極真の岩見二郎（本名・岩見弘孝）も参戦。「小さな巨人」と呼ばれた藤平昭雄も大沢昇の名前で加わった。キック・ブームにＮＥＴ（現テレビ朝日）も乗り、その後、東京12チャンネル（現テレビ東京）も続いた。

ＴＢＳ、日本テレビ、ＮＥＴ、東京12チャンネルの「テレビ４局時代」は１９６９（昭和44）年８月から７０（同45）年３月までの８カ月間。ＮＥＴが放送を終えてからの「テレビ３局時代」は７６（同51）年まで約７年も続いた。いずれも毎週夕方とゴールデンタイムに放送されていたという事実が「戦国キック」の凄さを物語っている。

試合スタイルはテレビ局によって色があった。

沢村がエースとなって視聴率争いの先頭を走るＴＢＳは派手な投げ技、跳び技など分かりやすさが主体だった。日本テレビは極力投げ技をなくし、ルールをタイ式ボクシングに近づけた。「第３のテレビ局」として後発になるＮＥＴ「ワールド・キックボクシング」

の興行を後援した日刊スポーツの元企画部長、黒田璋《あきら》はこう説明する。

「NETは、TBSと沢村のショーアップ、演出に対するアンチテーゼ。沢村の蹴りが当たってないのに相手が倒れてしまうこともあったTBSに対して、こちらは徹底的に真剣勝負。100％ムエタイをうたい文句にしてスタートした」

タイ出身で当時キックのレフェリーを務めていたウクリッド・サラサスも言う。

「NETはタイ大使館に行って、大使に協力をお願いした。タイの本場のものを伝えようと必死になっていた」

ムエタイは500年の歴史を誇るタイの国技。NETはタイ大使館に協力を仰ぐほど本格的なものを目指していた。

空手の強さ、証明したい

山崎照朝は空手漬けの日々を送っていた。学生運動の「日大闘争」で大学が封鎖となり、西日暮里の古本屋へと足を運んだ。大山倍達が稽古後の訓示で頻繁に言及する宮本武蔵の生き方、武士道精神をもっと学びたいと考え、吉川英治著の『宮本武蔵』全8巻を購入。大学の授業の代わりに夢中で読んだ。昼に自宅アパートを出て、道場でバーベルなど筋力トレーニングに励み、午後4時からの稽古に参加する。疲労が残っていなければ、夜の稽古もこなし、午後11時頃帰宅する。空いている時間は先輩たちと雑談をして、話の中から少しでも強くなるための糸口を探す。1日すべてを空手に捧げていた。

大学1年が終わろうとした頃、キックボクシングブームの波が極真会館にまで押し寄せてくる。1969（昭和44）年2月、山崎、添野義二、及川宏（現姓・大川）が極真会館の館長室に呼び出された。

「きみたち、キックボクシングの試合に出てくれ」

大山からの指令だ。戦場は旗揚げ戦を控えたNET（現テレビ朝日）のリング。1試合だけでなく、定期的に出場することを意味していた。

まずは添野が勢いよく答える。

「押忍《オス》、やらせていただきます」

続く山崎も師の前でこう答えるしかなかった。

「押忍」

だが、内心は違った。金も名声もいらない。ただ喧嘩に強くなりたいだけ。華やかなプロの世界にまったく興味はなかった。顔には「キックに出たくない」と書いてあったのだろう。

「すべては経験だよ。何事においてもチャンスがあれば、やった方がいい」

大山が大きな声で念押しをする。

「押忍」。山崎の返事は湿りがちだった。だが、一つだけ気持ちに引っかかっていることがあった。空手の剛柔流出身でキックのヒーローとなっている沢村は「タイ人には空手の前蹴りは効かない」と公言していたのだ。

その言葉が癇《かん》に障る。

山崎は幼少期からぶどうや桃などの重い収穫物を背負って故郷の山道を歩いた。特に下り坂では、草葉や露で滑らないようにとつま先にぎゅっと力を入れる。日々の鍛錬で培った強烈な前蹴りには自信がある。前蹴りがタイ人に効くか、否か、試したかった。NETが沢村の連勝を「31」で止めたばかりのカンナンパイ・ソントーン（タイ）と契約していることも知っていた。

迷いながらも、大山に問い掛ける。

「1戦だけではムエタイのことが分かりません。カンナンパイにも興味があります。キックボクシングで2試合だけ闘うということではいけませんか？」

大山は大きく頷いた。山崎は大山だけでなく、NETのプロデューサーとも「2試合限定で出場する」と約束を交わした。

添野がキックに二の足を踏んだ山崎の心中を察する。

「キックをやってみたいという思いはあったんだろうけど、あいつは武道家だから。

目立つのが好きじゃない。ただ『空手の前蹴りが効かない』という沢村の話が嫌いでね。そういう独特の哲学、スタイルを持っていた。空手の強さを証明したい気持ちがあったんだよ」

山崎と添野。どちらが先にカンナンパイと闘うか。じゃんけんで決めた。

勝ったのは添野だった。

自己流でキック対策

キックボクシングの準備期間はわずか２カ月。ジムもなければ、教わる人もいない。これまでグローブをつけたことは一度もなかった。

添野もどう練習すべきか分からなかった。

「教えてくれる人がいなかったから自己流だよ。グローブを着けての打ち方も分からない。確か初戦の前に一度、大山先生に連れられて、山崎と一緒に荻窪のボクシングジムに行ったのは覚えている。（対策は）それくらいだったよな」

不安に駆り立てられながら、必死に練習を重ねた。山崎も添野も及川もみな同じだった。

ある日、山崎は稽古を終えると、大山から声を掛けられた。

「きみ、いくら強いと言っても人間の強さは知れているよ。ましてや同じ体重で闘うなら差はないよ」
まるで山崎の心の中を悟っているかのような言葉。師からの助言で気持ちが楽になるのが分かった。道場の組手は相手の体重が重かろうが、軽かろうが関係ない。いわば無差別級の闘い。山崎は道場や米軍の座間キャンプでパワーあふれる大きな相手と散々手合わせをしてきた。キックボクシングはライト級（61・2キロまで）で出場する。もちろん、相手も同じウエイトだ。そう思うだけでも、心持ちが違う。

道場では通常の空手の稽古に加え、独自でキックボクシングの対策を練った。

タイ人のすねは硬く、キックは鋭いと聞いていた。練習相手のすねに竹で作ったプロテクターをつけ、思い切り蹴らせる。山崎はハイキックやミドルキックが来れば、肘で相手の足を叩き落としていった。ローキックは膝やすねでガードをする。米軍キャンプで何度も試した「肘受け」、「待ち拳」だ。練習を重ねていくうち、蹴り役の足が痛くてもたなくなった。練習相手の足を保護するために、プロテクターの竹の下に1枚、2枚と雑巾を入れ、蹴らせるトレーニングを続けた。

道場で蹴り役をした中には、のちに第1回世界チャンピオンとなる佐藤勝昭もいた。

「すねにレッグサポーターのような、竹を縦に編んだようなやつをはめてね。先輩が『思い切り蹴ってくれ』と言うんです。それを先輩はすねで受けたりしてね。タイ人のすねは硬いから。それに対する受けを何度もやっていましたね」

実際にムエタイ、キックボクシングとはどんなものか分からない。だから、想像力を働かせて考え、威力を想定した練習をするしかなかった。

アパートに帰れば、すぐにグローブをはめた。拳とグローブが一体となるように頭でイメージしながら、シャドーボクシングを繰り返す。家ではなるべくグローブを外さない。感覚を頭と体に馴染ませたかった。

「極真」背負い初の試合

春の暖かい日だった。

大学2年になったばかりの1969（昭和44）年4月15日。NETの「ワールド・キックボクシング」の旗揚げ戦は東京・大田区体育館で行われた。入場料は無料で観衆3000人（主催者発表）が集まった。

「極真ジム」からは、「極真の三羽がらす」と呼ばれる、山崎、添野、及川の3人が出場した。極真の選手として大会や試合に臨むのはこれが初めてである。「牛殺し」大山倍達の名は世に知られていても、「極真」の名はまだ世間に届いていなかった。

入場式では3人とも、トランクス姿の上に、空手着を羽織って黒帯を巻き、リングに上がる。あくまで空手家として闘うことの意思表示だった。

最初に山崎が登場。対戦相手は沢村の東洋タイトルに挑んだこともあるピサダン・ラートカモル（タイ）だった。

リングに上がると、大山から言われたことを思い出し、セコンドに頼んだ。セコンドは人差し指を立てて、山崎の顔の前に出し、左右にゆっくり指を動かす。それを目で追った。

「館長から『きみ、スポットライトが当たると興奮するんだよ、リング上のライトは思っている以上に熱いんだよ』と言われてな。こうするといいよと…。館長はアメリカのプロレスで経験していたんだろうな。そうしたら本当に冷静になれた。自分を落ち着かせるための精神集中。ゆっくりやる。そうするとすーっと落ち着くんだ」

グローブを着けているとはいえ、空手スタイルで闘うしかない。空手対ムエタイ。今でいう異種格闘技戦である。

ゴングが鳴る。

旗揚げ戦のセレモニーで、山崎（右）ら極真ジムの選手は空手着でリングに上がった

山崎は腰を落とし、両手を前に突き出して懐深く構えた。稽古で培った「前羽の構え」。タイ選手の素早い蹴り、硬いすねはどんなものなのか、味わってみたい。まずは防御に重きを置いた構えだった。間合いをとる。そして、自分自身に言い聞かせる。

キックボクシング初戦を２回ＫＯ勝ちで飾った山崎（右）
（１９６９年4月１５日、東京・大田区体育館）

「鋼鉄の壁をつくり、完璧な防御をする。あとは蹴らせればいい」

相手はローキックを放ってくるが、山崎は膝とすねでガードした。一発、二発と受け止めると、逆に相手の顔が歪む。ハイキックがくれば練習通り、肘で蹴り足を叩き落とした。もう相手に戦術は残っていなかった。1ラウンドの3分間、山崎はほとんど動かなかった。

2回開始早々、相手の力量を見切った山崎がようやく動きだす。距離を詰め、左の前蹴りをみぞおちに入れた。すかさず右の回し蹴り。ぐらついたピサダンに正拳突きを放った。うずくまるタイ選手。

2回45秒KO勝ち。デビュー戦を飾った。これまで幻想や噂でしかなかった極真空手が実像を見せた瞬間だった。

「キックで負けちゃまずいだろ。空手が侮辱されちゃうから。大山館長の顔に泥を塗るわけにはいかないしな」

控え室に戻り、安堵したのも一瞬だった。及川は在日米軍キャンプの極真門下生で、ボクシング経験もあるトニー・エモンズにパンチを浴び、4回1分28秒KOで敗れた。

メインイベントでは添野がカンナンパイと対峙。山崎もセコンドに駆けつけた。添野はカンナンパイの強烈な打撃に耐え、5ラウンドを闘い抜いたものの、判定負け。蹴られ、殴られながらも耐え切った添野の姿に会場は沸いた。

間近で見ていた山崎は盟友の闘志あふれるスピリットに胸が熱くなった。

「添野はカンナンパイにバンバン蹴られても倒れなかった。凄かったなあ。あれを見て、俺は『添野、凄いな』と思った。スタミナもあるし、根性もある。ボコボコにされても、一歩も引かなかったんだから」

次は俺がやってやる——。この日、「極真」の看板を背負い、極真ジムで唯一勝利を収めたのが山崎だった。わずか10日後、沢村、添野が苦杯をなめたカンナンパイと拳を交えることになったのである。


カンナンパイは沢村と二度対戦していた。一度目は1968(昭和43)年11月24日、東京・浅草公会堂で闘い、3回KO負け。二度目は69(同44)年1月7日、横浜文化体育館。「戦績は40戦35勝3敗2分け」と語る18歳は、しなやかなローキックを叩き込み、沢村の攻撃が来たかと思えば、カウンターで迎え撃つ一方的な展開。5回判定勝ちで雪辱を果たした。カンナンパイには勢いがあった。

名の通ったタイ戦士がTBSからNETへと戦場を変えた根底には、ルールの問題があった。ムエタイとは違い、投げ技が多用されるTBSのキックボクシングに嫌気が差していたとみられる。『月刊ゴング』1969年6月号には、ムエタイ勢の本音と移籍の理由が記されていた。

〈タイ選手から「野口プロのルールはタイのボクシングとは違う」ことを聞いた本場の関係者はカンカン。野口プロから人がタイ国に行くたびに、「ルールを改正してほしい」と申し入れ、それが断られるのが重なると、ついに協力を断ってきた。（中略）

彼らはつい三カ月前まで野口プロと契約、リングに上がっていた。NETの話では、「彼らはTBSがいやで飛び出し、このたびウチと専属契約を結んだ」そうだ。飛び出した理由について、NETではいろいろ説明したが、タイ選手たちがタイ・ボクシングとは違う、TBSのルールをきらったことなどがある〉

カンナンパイは、より力を発揮するため、自らのルールと同じ戦場を求めてきた。もちろん、勝利を得るためだった。

カンナンパイと対戦

NETの「ワールド・キックボクシング」旗揚げ戦から数日後、山崎はある事実を知る。初戦の相手、ピサダン（タイ）はプロ選手ではなかった。沢村忠が持つ東洋タイトルに挑んだ経験もあるタイ人は、ムエタイを学んでいた留学生にすぎなかった。

「体が柔らかくてパンチや蹴りはうまかったけどな。闘った相手が留学生と聞いたときはむなしかったし、ショックだったよ」

旗揚げ戦から10日後の1969(昭和44)年4月25日。東京・大田区体育館。山崎の対戦相手は正真正銘のムエタイ戦士、カンナンパイだ。当時の新聞には「タイ国ライト級3位」と記されていた。3カ月前に沢村の連勝を止めた、このタイ選手と闘うため、キックボクシングのリングに上がったといっても過言ではない。だが、カンナンパイはピサダンとは比較にならない技術を持っていた。添野戦で見せた蹴りはバランスがいい。姿勢が崩れず、連続的に蹴ることもできる。リズムがあり、美しい。しかも、ここぞと蹴り込む場面では蹴り足に全体重を乗せ、一瞬、体が宙に浮かんでいるのも分かった。緩急をつけ、まるで手のように自在に足を操る。これがムエタイかと思い知った。

このとき、初めて極真の看板を背負う重圧が襲ってきた。

「添野が負けちゃって、俺もカンナンパイに負けたら極真が終わる。勝てば極真の名前は上がり、負ければ終わる。本当のプレッシャーがあったよな」

観衆は約4500人(主催者発表)。会場を埋め尽くす大盛況で、期待感と熱気が伝わってくる。旗揚げ戦は入場料無料だったが、この大会はアリーナ席に限り、有料で行われた。

しかし、旗揚げ第2戦は混乱していた。添野と及川は前戦のダメージが残り、欠場。「極真ジム」には選手がいない。代役が見つからなかった。大山から選手の確保を任されたのは、オーストラリアでの海外支部指導員を終えた加藤重夫だった。困惑した表情で振り返る。

「自分が選手を集めて教えてくれと言われまして…。あの当時は可哀想ですよ。誰もキックボクシングを知らないんだから。ボクシング新人王の松本敏之は蹴りを教えても覚えられない。『だったら手でいけ』とパンチだけで闘っていましたから。極真の選手がいなくて、急きょ自分が第2戦に出ることになり、2日で5㌔落として試合に出ましたよ」

調整不足か、それとも急激な減量の影響か。4試合目に登場した加藤はタイ選手に3回38秒、TKOで敗れた。

いよいよ7試合目となるメインイベント。山崎が対峙するのはカンナンパイだ。

ゴングが鳴る。

山崎はグローブをつけても空手スタイルを貫く。初戦と変わらず、両手を前に出し、遠い間合いの前羽《まえばね》の構え。相手を見下すかのようにニタッと笑った。一方のカンナンパイはムエタイ独特の高いガード、アップライトの構えだ。空手対ムエタイ、漂う緊張感。両者はしばらく見合ったまま、動かない。

1分すぎ。しびれを切らしたカンナンパイがローキックを放つ。山崎はすねでしっかり受け止め、攻撃に移る。スッと素早く中に飛び込むと同時に、思い切り前蹴りを放った。ムエタイ独特の押すような前蹴りとは違う。つま先に全神経を注ぎ、みぞおちを蹴った。

定説を覆す、歴史を変える一撃だった。

山崎にはカンナンパイが「ウッ…」と、うめく声が聞こえた。

セコンドに就いた第1回世界王者の佐藤勝昭も戦慄の光景に興奮した。

「山崎先輩の前蹴りでカンナンパイの動きは一瞬止まった。あの蹴りは相手もびっくりしたと思う。確実に効いてましたね」

山崎はすかさず右の正拳突きをたたき込む。カンナンパイが崩れ落ちる。コーナーにうずくまったまま動かない。テンカウントを聞かせた。1回1分33秒KO勝ち。前蹴りが効いたのだ。観客の4500人は声にならない声を上げている。ただ一人、リング上の山崎だけは淡々としていた。

「沢村忠が『タイ人には前蹴りが効かない』と言うから、俺は絶対に試したかった。普通は『効かない』と言われたら、その技を避ける。俺は逆。極真空手は違うんだ。

山崎(右)は腰を落とした後屈立ちの空手スタイル。この後、両手を突き出す「前羽の構え」に変化した。カンナンパイ(左)とは明らかに構えが違う(1969年4月25日、東京・大田区体育館)

正面にブロックがあったとしたら、正面から打ち砕いていく。相手が一番得意なものを砕き、駄目だと言われることに挑む。それこそが極真空手なんだ」

10日前、カンナンパイに屈した「極真の虎」添野義二もその瞬間をしっかり捉えていた。

「山崎はじっと待ってて、すっと入り、バーンと蹴った。あいつは『空手の前蹴りが効かない』という話が嫌でね。侮辱されたと感じて、空手の強さを証明したかったんだよ」

なぜ、沢村が効かないと公言していた前蹴りを山崎は決めることができたのか。この試合のレフェリーを

漫画「空手バカ一代」の中でも山崎がカンナンパイにＫＯ勝ちした場面が描かれている。右下は沢村がカンナンパイに敗れたシーン（©梶原一騎・影丸譲也／講談社）

務めたタイ出身のウクリッド・サラサスはこう分析する。

「ムエタイの前蹴りは基本的に距離を取る道具。ボクシングでいうジャブなんです。山崎さんは空手の本物の前蹴り。距離をとるためではなく、相手を仕留める技にしていた。だからこそ、空手を経験したことのないカンナンパイに通じたのだと思う」

ジャブだと思われていた前蹴りは強烈なストレートだったのである。沢村、添野を倒し、わが世の春を謳歌《おうか》していたカンナンパイが負けた。しかも屈辱の失神ＫＯ負け。

試合後、事件が起きた。

「ヤマザキのグローブの中には石が入っている」

カンナンパイ陣営が猛然と抗議をしてきた。前蹴りはもちろん、とどめの正拳突きも強烈だったのである。レフェリーのサラサスが証言する。

「昔はバンテージのチェックが厳しくなかったから、タイ人でも指の間に10円玉を挟むような選手がいた。あまりのパンチの強さにそういう感覚だったのでしょう。もちろん山崎さんは石も10円玉も入れてませんでしたが…」

サラサスは控え室でタイ選手とトレーナーが集まり、タイ語でヒソヒソ話をしているのを耳にした。

「『ヤマザキは憎たらしいほど強い』と言ってましたね。強さを認めていました。しかも

『ニタッ』と笑う。だから『憎たらしい』と言っていたんです」

タイ選手の中には、パンチやキックをもらい、「効いていないよ」と笑う選手もいる。だが、サラサスは「山崎さんはそれとは違った」と言う。

「デビュー戦もそうだし、試合前からニタッと笑っていた。相手に『おまえ、たいしたことないよ』と見下ろしている印象を与えたのではないでしょうか。試合でもリラックスしていたし、肝が据わっていましたね」

沢村を破ったカンナンパイをKOした。それが国内における山崎の評価だった。本場のタイ選手にはそれ以上のインパクトを残した。

「憎たらしいほど強い」

ムエタイ戦士が恐れる日本人。究極の褒め言葉だった。この勝利は極真の歴史に1ページを刻んだ。大山倍達の三女・喜久子は山崎の功績をこう評価する。

「山崎先生は極真が空手のジャンルから飛び出して、『キックボクシングもできます。立ち技でオールマイティーです』と実戦を通じて証明した。父の次（の時代）に大きな波を作った方なのです」

NET「ワールド・キックボクシング」の興行を後援した日刊スポーツの元企画部長、黒田璋は日本キック史に山崎照朝の名は残ると断言する。

「一概にキックボクシングといっても、沢村のＴＢＳは演出主体で日本流のスタイル。ＮＥＴは真剣勝負でムエタイと同じ正統派。テレビで中継され、それを日本に広め、衝撃を与えたのは山崎君なのです」

空手の強さを示し、極真の名を広め、キックボクシング２勝２ＫＯで「約束の２戦」を終えた。山崎には使命を果たした充足感があった。ところが、山崎の「目立ちたくない」という気持ちとは裏腹に周囲は本格的にエースとして売り出しにかかる。キックしかり、極真空手しかり。ニヒルで１７７センチと長身。整った顔立ち。スター性も備えている。なにより憎たらしいほど強かった。

試合後、師・大山から「極真三羽がらす」の山崎、添野、及川にガウンが贈られた。左胸には「極真会」と青い刺しゅうが施され、背中には「極真ジム」と刻まれている。世界に３着しかないガウンだった。

山崎は感慨深げに言った。

「２戦目が終わった後にもらったんだ。館長から渡された時はやっぱり嬉しかったな」

文字通り「極真」を背負って闘った証しだったのである。

大山倍達から山崎に手渡された「極真ジム」の道着

品格が高い空手を実践

第1回世界チャンピオン 佐藤 勝昭

私が一番尊敬している先輩で、話し方までまねしていました。あの先輩がいなかったら、今の自分がいないくらい。入門当初はまだ雲の上の存在でして、先輩の稽古前、稽古後に私がサンドバッグをずっと持ってね。先輩はすねで当てる。左右どちらも、ものすごく速い。あの身長（177㌢）で軸足をしっかり返す、ああいう高い回し蹴りをする人はいなかったんです。しかもバランスがいい。

懐が深くて、前羽《まえばね》の構え。独特でしたよね。間合いをとるということは、相手の動きをしっかり見るということ。大山館長が言っていた「間合いをとった格調高い空手、品格が高い空手」を実践された方です。先輩がいないところで、館長が「うん、山崎の構えは懐が深くて相手は攻撃しにくいだろ」と言っていましたから。先輩の構え、技の切れをいつも褒めていました。

キックボクシングでグローブをつけても空手と同じ構えで、対戦相手をじっくり見てね。でも、先輩は（キックボクシングの期間が）短かった。あと3、4年、ブラウン管（テレビ）にのっていたら、キックボクシングの歴史が変わっていたと思います。

まだ私が茶帯の頃、本部道場で覚えていることがあります。試し割りのとき、先輩はパンチが強いので、館長が「山崎、円を描いてやってごらん」と言ってね。フックで厚い板を4枚割ったんです。正拳ではなく、フックで割ったのを初めて見ました。しかも一発で。極真会は「点を中心として円を描き、線はそれに付随するものなり」とありますから、円運動をやれと。あれは驚いたし、凄かったです。

華麗で研究熱心。武道らしい空手でした。右に構えたと思ったら、すーっと左になったり。受けもうまかったですね。かわすのではなくて流す。受け即攻撃で無駄な動きがない。足の運びも手の動きも上体の振りも、みんな動きに意味がある。そして回して受ける。見たことないですよ。ああいう人はもう出てこないでしょうね。だから、少し惜しい気もするんです。（後継者を）作らなかったことが…。あまりに強すぎた、うますぎたのかな。道場を持って生徒を指導していたら、本当に素晴らしい空手が残ったと思います。

　先輩はお酒を飲まないから、稽古が終わると「押忍」と言ってすぐに帰る。無口であまりしゃべらないし、武勇伝はいくつもあるんだろうけど、自分から自慢することがない。他の人は自慢をしたくて、ありもしないことを話す人も多いのに。そういうところもまた先輩らしいなと思います。

さとう・かつあき　1947年生まれ。福島県出身。第3回、第6回の全日本選手権大会チャンピオン。第1回の全世界選手権大会で優勝。王道流　空手道佐藤塾の宗師。

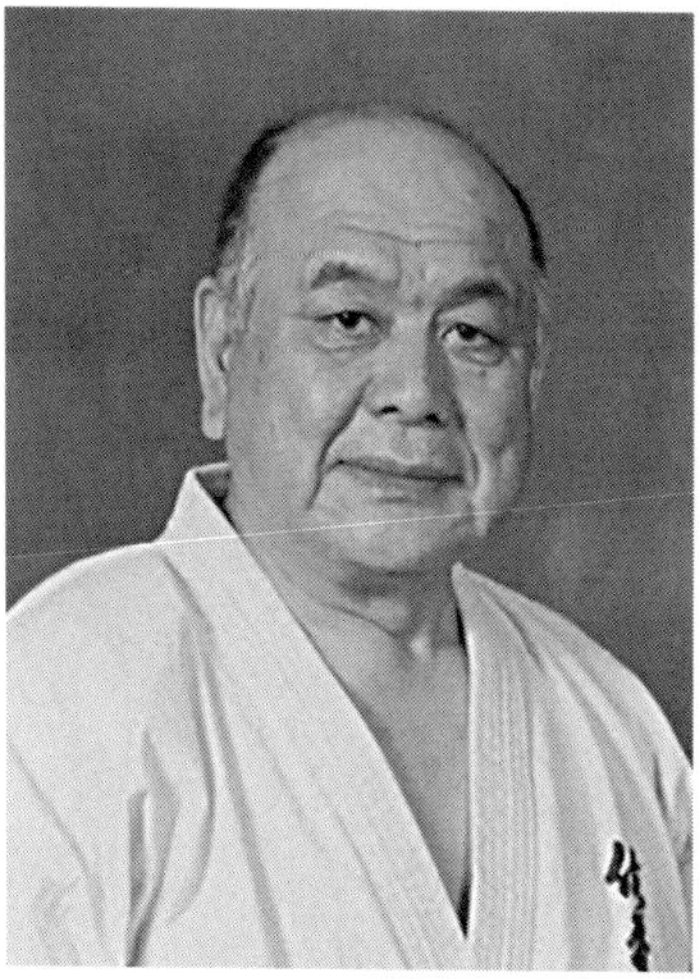

第4章 第1回全日本選手権の衝撃

タブーに挑戦「殺人空手大会」

喧嘩に強くなるため、17歳から始めた空手。だが、道場に通い始めてから私闘は一度しかしていない。１９６７（昭和42）年8月、山崎照朝、20歳の夏だった。

車で旧東京スタジアム（東京都荒川区）の脇道に入った。トラックが車道の中央に止まり、渋滞になっている。にもかかわらず、トラックはバックしようとしていた。どうやら道を間違えたらしい。助手席から男が車を降り、脇にある自転車を蹴り始めた。明らかに「チンピラ」だった。みんなが困り果てている。近所の人たちも家から出てくるほどの騒ぎになっていた。山崎はクラクションを鳴らした。

すると、その男は車に駆け寄り、運転席から出てきた山崎に殴りかかってきた。山崎の左手が自然と動く。相手は道路の端まで吹っ飛んでいった。身を守るための一発。それでも空手家が手を上げてしまったことに変わりはない。すぐに師・大山倍達に報告した。

「ちょっと喧嘩をしてしまいまして…」

「それはいかんな」。大山はそう言うと、すぐに言葉を続けた。

「きみ、それでどうだったのかね?」。喧嘩の勝敗を尋ねてきた。なによりも勝ち負けが最優先だった。

「相手を吹っ飛ばしてしまいました」

師が少し嬉しそうな顔になっている。「うーん、喧嘩は駄目だ。でも大義があれば仕方ない。その代わり、きみ、負けたら破門だぞ」

大きな野太い声が響き渡る。

「押忍《オス》!」

負けたら破門――。その言葉が心に突き刺さる。試合ではもちろん、たとえ町の喧嘩であろうと、極真に敗北は許されなかった。

1969(昭和44)年4月、山崎は「極真ジム」として出場したキックボクシングで2連勝を飾った。大山は山崎を看板に極真を世に広めようと加速していく。カンナンパイ(タイ)を倒した直後、山崎にこう伝えた。

「これで全日本が開けるな」

極真の全日本選手権大会。それは大山の悲願だった。

日本における空手は大きく二つに分けられる。一つは相手を殴らない「寸止め」をルールとする伝統派空手の全日本空手道連盟（全空連）。剛柔流、松濤館《しょうとうかん》流、糸東《しとう》流、和道流といった流派の国内統一を目的として、1964（昭和39）年10月に設立された。67（同42）年には日本船舶振興会会長の笹川良一が会長に就任し、勢いを増していく。もう一つはフルコンタクト（直接打撃制）の実戦空手を旗印とする大山が創設した極真会館である。大山は「寸止めは空手じゃない」「寸止めではどちらが強いかわからない」を口癖にし、伝統派を批判した。

1960年代後半、全空連は極真に対して傘下に入るよう提案。しかし、大山は拒否した。それから寸止めの伝統派と極真は対立する。空手が柔道のように一つになることはなかった。

極真の第1回全日本選手権の大会委員を務めた日刊スポーツの元企画部長、黒田璋《あきら》は準備段階での苦労を明かす。

「極真の第1回全日本を開くときに大山館長から『会場を借りに行くから立ち会ってくれ』と言われてね。当時は全空連の笹川（良一）会長の力がものすごく強かった。日本武道館を借りようとしたら、『喧嘩空手なんて我々は認めない。空手は寸止めなんだ』と言われた。けんもほろろに突き放された。笹川さんが手を回していたんでしょう。どこの会場も極真には貸してくれなかった」

全空連との確執による会場確保の難しさは、高木薫著の『わが師　大山倍達　1200万人への道』にも詳しく書かれている。

〈「直接打撃制」のルールの採用は、四面楚歌を呼び、「会場提供拒否」のかたちをとって現れた。大会開催のため「会場を貸してくれるよう」大山総裁はじめ極真会館関係者が東京都体育館に何度も足を運んだが、当初その願いは聞き入れてもらえなかった。

この窮地を救っていただいたのが、当時、警視庁で柔道の師範をしていた三浦六郎氏である。現在、全日本・全世界選手権大会などで大会相談役をつとめる三浦氏は、海外に勢力を拡げようとしているころの極真カラテのよき理解者であった。（中略）

「極真会館の大山館長が、大会の会場探しに四苦八苦している…」

このことを伝え聞いた三浦師範は、「私が東京体育館の館長に直接話しを取り次いでやる」ことを約束されたという。

そこで大山総裁は、三浦師範とともに当時の同館館長・山根輝雄氏を訪ねることになった。「一日だけ会館を貸していただけないだろうか」の話が、三浦師範の口添えでなされた。事務局の窓口では〝門前払い〟を喰っていた大山総裁であったが、山根館長直々の膝詰め談判はさすがに効果があった。〉

会場問題の他に、課題はもう一つあった。極真の道場内でも「全日本はできないのでは…」

と重い空気が蔓延していた。4～5年前から構想があり、大山は絶えず「全日本」と口にしていた。山崎が回想する。

「ずっと前から先輩たちは『全日本を開く』と館長から何回も聞いていたんだ。でも内心は『できっこない』って思っていた。実際、多くの先輩たちがキックボクシングに行ったり、破門になったり、極真には大会を開けるほどの選手数がいなかったしな」

日時や会場が決まらないだけでなく、全日本を開くには選手数が足りない。大山は考えた。ならば他流派、他競技、海外勢からも参加を募ろう。何者の参加も拒まない、オープンにしよう。極真内部だけで競い合うことが目的ではなく、外部からの挑戦を受けて立とう。

日時は1969（昭和44）年9月20日。会場は東京体育館。大会の名誉会長は前年まで外務大臣を務めていた三木武夫、大会会長には衆議院議員の毛利松平《まつへい》が名を連ねる。極真会館主催の第1回オープントーナメント全日本空手道選手権大会が開催されることが正式に決まった。

開催約1カ月前の8月23日。東京・赤坂のホテルニュージャパンで、ルール発表会が行われた。山崎は報道陣を前に、長谷川一幸と新ルールを披露するモデル役に指名された。翌日の『日刊スポーツ』には画期的な空手の競技会として紹介され、〈顔面を除く各個所への加撃は自由な真剣勝負のユニークな試合方法で、空手界の反響を呼ぶ大会として注目されている。体重区分はなく“真の空手日本一”決定戦といったところ。〉と書かれた。

空手は寸止めという風潮の中、殴る、蹴るのタブーに挑戦する。審判長を務める大山は、大会プログラムに「新しいルールについて」と挨拶文を記した。並々ならぬ意気込みが伝わってくる。

〈私達空手をやるものにとって、早く空手の統一を計りたいというのが誰しも念願することだと信じる。流派によって、やり方、教え方、試合のルールがまちまちなので、多くの選手権大会は単に一つの組織だけの選手権大会となり他の流派は参加できなかった。

この様な現状である日本の空手レベルが韓国及び欧州ならびアメリカの空手に比べて、果たして強いと言えるだろうか。大いに疑問である。井の中のカエルが大海を知らないと同様、日本も世界の空手の大勢を知らずにいるのではないだろうか。

全日本選手権のルール発表会で実演する山崎（中央）。優勝候補の筆頭だった。右は長谷川一幸、左は報道陣に説明する大山（１９６９年8月２３日、東京・赤坂のホテルニュージャパン）

今般の新ルールは古い弊害を打破するものだと言いたい。連盟、協会のやり方も必要だと思うが、極真会館のやり方も又必要である。すべてが一つの団体に統一されてしまう事は、空手の発展を妨げる何ものでもない。

柔道においては、武徳会、講道館があった時、日本の黄金時代があった。一つの集合にするのはナンセンスである。協会、連盟、そして極真会館の独自のやり方がある。しかし、単に孤立することなく、互いに競いあうところに空手の発展があるのではなかろうか。

この大会の新ルールが、空手界において大きな飛躍をもたらすものと信じる。この大会がそれに値するものとなり得るかどうか、それは皆様の判断におまかせする〉

晴れの大舞台、しかも挨拶文で全空連、他流派を堂々と批判。敵対心をむき出しにしていた。「古い弊害を打破するもの」の部分に傍点を打ち、寸止めではなくフルコンタクトこそ空手だと強調している。

試合規約には「真剣勝負」「実戦」をテーマに「1本勝負のトーナメントとする」と記された。手による顔面への強打は「禁止」とされたが、けん制は認められた。審判長や主審の判断に任せる曖昧なルール表記が多く、「組手試合、試し割りの所要時間は2〜3分とする。ただしその競技の重要性を認め、必要と認めた場合は審判長の裁量により時間を改めて定めることができる」、減点は「相手をつかんだ場合（詳細は主審の判定にまかす）」

など手探りだったことが分かる。

また、投げ技に関する記述はなく、有効技として黙認されていた。史上初、直接打撃制の大会である。参加選手注意事項の欄にはこのような記述があった。

「試合中、負傷または事故を生じた場合、当主催者は一切の責任を負わない」

マスコミは「けが人覚悟」「殺人空手大会」と煽《あお》り、センセーショナルな話題になっていく。「本気で殴ったら死人が出るのでは…」と風評が立つ。

大会委員を務めた黒田は大山からこんな言葉を聞いた。

「『山崎が負けたら日本の空手が終わる』と切羽詰まった感じでね。大山館長の一押し。寸止めの全空連を意識して、

漫画「空手バカ一代」の中で大山が参加資格に誓約書の提出を条件とするシーン。実際には誓約書はなく、参加申込書に「試合中、負傷または事故が生じた場合、当主催者は一切の責任を負わない」と記されていた。下のコマの右が山崎、左は添野義二（©梶原一騎・影丸譲也／講談社）

『山崎を通じて実戦空手、喧嘩空手はどういうものかを見せる』とはっきり言っていたからね」

真の空手とは「寸止め」ではない。実戦で通用する極真だ。大山にはそれを具現化し、証明できる弟子がいる。大山は山崎にすべてを懸けていた。

盟友・添野義二との誓い

第1回オープントーナメント全日本空手道選手権大会。

他競技、他流派に呼び掛けた大会は、極真門下生でヘビー級ボクサーのポール・ジャクソン（米国）、柔道経験者で巨漢のギドン・カダリー（イスラエル）、沢村忠をKOしたムエタイのサマン・ソー・アディソン（タイ）ら外国人7選手が参戦。他流派からは約20人が出場した。

山崎は「オープン」という文字に胸が躍った。一方、体重無差別の大会で、誰が来るか分からない怖さも感じていた。

「大山館長が言うのは『きみ、ルールなんてないよ、何でもありだよ』ということ。そうなれば目突き、金的、反則も練習する。だからめちゃくちゃ稽古するんだよ。当時は、誰よりも練習している、という自負があったな」

東京・西日暮里のアパート。4畳半の部屋で4キロの鉄げたを足に巻いて何度も蹴り上げた。夜になると不安で寝付けない。耐え難い孤独感。居ても立ってもいられない。少しでも体を動かしたくなる。アパートを飛び出し、谷中墓地を抜けて上野公園まで走っていくのが日課になった。深夜の稽古は不審者と間違えられ、警察から職務質問されたこともある。

試合前夜、とてつもない重圧と恐怖心が襲ってきた。とても一人ではいられない。試合当日の朝5時まで友人と東京・目白の料理屋にいた。何を話したのかはっきり覚えていない。おそらく上の空だったのだろう。試合のことが頭から離れず、ただただ、時が過ぎるのを待っていた。

「ボクシングの世界王者でも寝られないよ。『ぐっすり寝られた』なんて言っているのはうそだと思う。真剣勝負だぞ。負けたらどうなるか…と少しでも考えたら、目が冴えてくる。何回やっても怖いものなんだ」

帰宅したのは朝6時。3時間ほど仮眠をとり、決戦の地へ向かった。

「極真の虎」と呼ばれた添野義二も同じだった。第1回に出場した選手しかわからない心情が綴られている。

〈九月二十日。試合当日。私は朝から緊張していた。緊張の度合いがキックボクシングとは大きく違っていた。キックの試合で死ぬことは、よほどのことがない限りあり得ない。

だが、この大会はたとえ顔面強打を禁じるとはいえ、素手素足で戦うという未体験の挑戦だった。後年、「試合といっても日頃の組手と変わらないから緊張なんてしなかったよ」と語る人間も少なくない。しかし組手と試合は異なる、と私は何度でも言いたい。試合には「暗黙のルール」など存在しないのだ。正直、私自身はこの日の大会で死を覚悟していたし、控え室に集まったほとんどの選手たちは青ざめた顔で震えていた。きっと彼らも死の恐怖と戦っていたに違いない。〉(『添野義二 極真鎮魂歌』小島一志)

会場の東京体育館に足を踏み入れた。バスケットコートが控え室になっており、大勢の選手と帯同者でごった返している。山崎と添野はあえて端に陣取った。他流派の鋭い視線がキックボクシングで名を上げた二人に注がれる。

「あれが山崎と添野か。たいしたことなさそうだな」

他流派のささやきが耳に入ってきた。添野は「あん?」とにらみ返す。山崎は平静を装った。「俺は知らんぷりしていた。試合でやってやればいい。既にキックで名前があったからな。みんな俺たちを狙いに来ていたんだ」

大会前、山崎は添野、長谷川一幸に呼び掛けた。「絶対、他流派に優勝をもっていかれないようにしよう」。たとえ町の喧嘩であろうとも、極真に敗北は許されない。それが大山の悲願、第1回の全日本となれば、なおさらだ。

添野も振り返る。

「極真を守りたい。俺も山崎もお互いにそういう気持ちが強かったよな」

入場チケットはA席700円、B席500円、C席300円。収容人数5000人の東京体育館は7000人（主催者発表）の観客が集まった。これは決闘であり、大山の実戦空手を体現する闘いだ。

午後2時30分。開会式で添野が選手宣誓を行った。マスコミが「殺人空手大会」と煽った第1回の全日本が幕を開けた。

試合方式はA、B、Cの3ブロックに分かれ、それぞれのトーナメントを制した3選手によって、総当たりの決勝リーグが行われる。対戦相手は試合当日まで知らされていなかった。誰と闘うのか、どの流派と相まみえるのか分からない。「極真の竜虎」と称された、山崎はBブロック、添野はAブロックに配された。

やはり第1回というのは独特だ。誰も経験したことがない。どんな試合になるのか分からない。「オープン」「直接打撃制」「殺人空手大会」といった刺激的なフレーズが世に伝わり、会場は異様な雰囲気に包まれた。

試合が始まると、反則とされていた「手による顔面強打」は多少黙認され、ルールで記述のなかった、つかみ技は容認された。投げ技を駆使し、背負い投げをする選手もいる。

イスラエルの柔道家でもあるカダリーは100キロの巨体を揺らし、大振りのパンチを振りかざし、猛然と襲いかかった。

Cブロックの長谷川一幸は当時を思い出し、眉をひそめた。

「他流派はひどかった。試合の最中に『ぶち殺したる』『殺すぞ、コノヤロー』と言ってくる選手もいた。こっちも『来るなら来い！』と敵対心むき出しになってね。(大山)総裁も『殺すと言ったって、お互い鍛え合っている者同士だから、そんな簡単に一発で殺せるわけがないんだ』と言ってきたりしてね」

そんな中、22歳の山崎は凛としていた。

「最初の試合で主審が『はじめ』と開始を告げた瞬間に落ち着いて、すーっと試合に集中していった。稽古通りに闘えたな。俺はなんだか、他流派と多く当てられた気がするんだよ。みんな顔面を狙ってくるから、こっちもやる。相手選手は試合が終わったら傷だらけ。担架で運ばれたり、包帯で手を吊ったりしていたな」

極真対他流派の威信をかけた闘い。第1回を象徴する決闘。それは山崎が相まみえた2試合と言っていい。

山崎は初戦で福田実を倒すと、次は大阪の実力者、朴祐三と対峙した。26歳、空手歴9年の朴は翰武会《かんぶかい》という糸東流系の門下生だった。

　試合途中で山崎と朴がもつれ合い、主審の関川博明が二人を分けようと間に入った瞬間、顔面と腹に両者の突きを浴び、失神するアクシデントが起こった。

　この模様は米国の武道専門誌『ブラック・ベルト・マガジン』１９７０年４月号で〈fierce battle（激戦）〉と詳しく報じられた。〈レフェリー失神。韓国の朴、日本の山崎の激しい試合に悲鳴が上がった〉と大きな写真とともに掲載され、〈一方が場外まで追いかけたかと思えば、二人がレスリングのように離れなくなり、互いに30秒以上決定打を

Ｂブロックの決勝、他流派の利川重男（右）との闘いは第１回大会を象徴する喧嘩試合になった。山崎は腰を落とした独特の構え

放てない。レフェリーが選手を分けようとしたとき、攻撃を浴び、負傷した〉と衝撃のシーンを伝えている。

来賓席も殺気立っていた。大会審判長の大山と審判員を務めた翰武会の武田昇が激しく言い争う。場内係だった大石代悟《だいご》は強烈な印象が残っているという。

「大山総裁と武田先生がもの凄かったね。山崎先輩と誰の試合のときだったのか、はっきりしないけど、喧嘩になるかと思ったくらい。普段、武田先生は紳士だけど、あのときは引かなかった。来賓席で立ち上がって、二人ともすごい剣幕でね。本当に殴り合いになるんじゃないかとハラハラした。それくらい総裁も（第1回大会に）懸けていたんだろうね」。見守る方も他流派に負けまいと必死に闘っていた。

殺伐とした決闘のもう1試合は、山崎が順当に勝ち上がり、迎えたBブロック決勝。利川《としかわ》重男戦だった。利川は空手歴9年の四段で、朴と同じく大阪の翰武会に所属する猛者。身長は176チセンで山崎とほとんど変わらない。体重は75キロで10キロほど重かった。目の前で試合を見ていた大石はこう振り返る。

「一番印象に残っているのはあの試合。大阪の実戦空手という触れ込みで、山崎先輩と雌雄を決したわけ。利川は強いと言われていたし、体も大きかった。今のようにルールが明確じゃないから、試合場でつかみ合いというか、喧嘩のようになった。山崎先輩の蹴りが入って試合は圧勝。利川はやられてフラフラ。腰は引けているのに先輩のことをつかんで諦めない。まだ先輩の顔を殴ろうとする。往生際が悪いというのかな。他の人たちも試合場に入ってきて乱闘寸前になったんだよ」。そのとき、山崎は決着がついてもなお勝利に固執する利川をまったく相手にしなかった。「強さを極めた男の振る舞いだった」と大石は言う。

山崎も涼しい顔で回想する。

「あれは試合でもつれた。俺がインロー（足の内側）を蹴って、相手がガクッときた。それでも向かってきて、最後は突きで一本だったと思う。でも、あいつは根性があったな」

多くの選手にとって、観客の前で試合するのは初めてのことだった。大会中は緊張感にあふれ、極真の選手同士でも話すことはほとんどなかったという。

Bブロックは山崎、Aは添野、Cは長谷川の極真勢3人が決勝リーグへ。その時点で

漫画「空手バカ一代」の中で「竜虎対決」となった決勝戦のシーン。
下のコマの左の大きな構えが山崎、右は添野義二
（©梶原一騎・影丸譲也／講談社）

「極真」の看板は守った。他流派でも他競技でもなく、極真の誰かが優勝者となる。3人に安堵《あんど》感がにじんだ。ここからは総当たり戦。試合順はくじ引きで決めた。山崎、添野がともに長谷川に勝ち、決勝は極真の「竜虎対決」となった。3位の長谷川は二人の闘いを誰よりも近い、マットの上で見つめていた。

「山崎先輩は添野先輩と試合をしているときが一番面白い。互いにライバル心があったんだと思う。添野先輩は気迫で前に出るじんわりじんわりの組手。山崎先輩はスピードと切れ味。対照的で第1回の二人の戦いは名勝負でしたね」

山崎は今なお膝の感触が残っている。

第１回全日本選手権で優勝した山崎（中央）。右は２位の添野義二、左は３位の長谷川一幸

「添野に飛び膝（蹴り）をやったから。あいつの頭蓋骨がいった（折れた）かと思ったくらい。でも倒れない。耐えている。打たれ強いよな。根性だよな。俺が一番納得している試合かもしれない。要するにKOできなかった。前蹴りも崩しも飛び膝も。全部出し切ったという意味で納得している試合だな」

添野も二人が決勝で闘った意義を強調する。

「山崎から顔面にパンチをもらって、東京体育館の天井がぐるぐる回っていたよ。あれで、本当なら俺の反則勝ち。でも勝負の流れ、勝利の女神が俺に来なかった。まあ、俺たちは（キックでも全日本でも）なんでも最初。人がやっていないことだったから、それはきつかったよな。あとは極真を守り抜いた。大山先生のメンツを守り抜いた」

最後は判定で山崎が優勝。6時間に及ぶ大会で計6試合に勝ち、48人の頂点に立った。

試し割りでもV　真の王者

大会の進行は斬新だった。いきなり正拳の試し割りから始まり、組手の1回戦、手刀による試し割り、組手の2回戦と、試し割りと組手が交互に行われた。山崎は厚さ24ミリの板を正拳3枚、手刀5枚、エンピ（肘）4枚、足刀4枚の計16枚を割り、試し割り部門でも優勝。組手との2種目を制覇した。大山は大会趣意書の中で、「組み手試合と試し割り試合の双方を勝ち抜いた者は、まさに真の王者にふさわしい」と記していた。

会場で観戦していた加藤重夫は言う。

「極真のすごいところは、組手の間に試し割りがあること。馬鹿にする人もいるけど、きちっとしていない奴は試し割りで体を痛めたり、肘を使えなくなったりする。そうすると組手になって体が動かなくなる。だから、あのときの山崎は別格だった。組手は綺麗で空手らしい試合。試し割りでも優勝した。これが空手だ、と。素直に凄いと思いましたね」

会場の観客7000人は大歓声で山崎の日本一を祝福した。それでも山崎の表情は変わらない。嬉しさもない。なんの感慨もない。

大会後、師・大山から声を掛けられた。

「きみ、木村政彦は10連覇だよ！」

「押忍」

山崎の優勝は大山にとって至極当然。祝福より、出てきたのは先を見据えた言葉だった。大山は、希代の柔道家で全日本王者に13年間君臨した木村政彦の名を挙げ、山崎を鼓舞した。

山崎は試し割りでも優勝。2冠を達成した

「1000人の弟子よりも、一人強い男がいれば格闘界を制圧できる」という思惑があり、山崎を空手の象徴にしたかったのである。

しかし、山崎の心に大山の言葉は響かなかった。

「日本一といえども、空手には流派があって、これはたかが一流派の大会。それは柔道だったら違うのかもしれないけど、俺には優勝とか連覇の価値が分からなかったし、まったく興味が湧かなかった。元々、俺はルールのある試合に勝ちたいのではない。喧嘩に強くなりたくて始めた空手だからな」

もう一人の師・石橋雅史は山崎から優勝の報告があったことを覚えていた。

「彼から電話があってね。『全日本優勝しました』。そのひと言だけ。やっぱり嬉しかったね。でもね、言ったんだよ。『優勝するために教えたのではない。強くなるために教えたから』とね。競技空手ではなく、空手という武術を教えたわけ。結果として優勝した。武術とはいかなるものか。どういう体術か。彼は会得しようという姿勢が強かった。山崎君はそこがいいところだよ」

石橋は大会や試合が目標ではなく、強くなるための手段にすぎないと説いた。山崎は石橋の話を聞き、頷いた。地位も名誉も金もいらない。大会の優勝を目指して空手を始めたわけでもない。極真の看板を守った。それがすべてだった。

全日本優勝の歴史的意義

山崎の思いとは裏腹に、海の物とも山の物ともつかない第1回大会で優勝した意味は大きかった。「妖刀村正」の異名を持つ大石代悟《だいご》は山崎が果たした歴史的役割を解説する。

「もしあのとき、他流派に負けていたら今の極真はない。大山倍達の名に傷がついた。山崎先輩がいたから今の極真がある。1ページ目があるから今のページがあるんです」

第3回と第6回全日本優勝者で第1回の世界大会を制した佐藤勝昭は「寸止め」の全空連からも注目されていたと証言する。

「実際に殴る蹴るをしたらどういう闘いになるのか。凄惨な試合になるのではないかと直接打撃を見たことのない寸止め（空手）の人たちが、内緒で会場に来ていたんです」。

約20日後となる10月10日、全空連もまた第1回の全日本空手道選手権を日本武道館で開催することになっていた。

佐藤は山崎の勝ち方に一目を置く。全空連の空手家に大きなインパクトを与えたという。

「じっと静止した状態から突然パパッと動く山崎先輩の組手。柔らかいし、どこからでも攻撃が来る。殺伐とした雰囲気の中、ひとり華麗な組手で際立っていた。突きも蹴りも速いし、威力がある。彼らは先輩を見て、間違いなく驚いたと思う」

この言葉通り、翰武会の会長で賢友会と繋がりのある武田昇は、大会が他流派に衝撃を与えたことを大山への手紙で記している。
〈賢友会の先生方の大方の（大山）先生に対する感想は、素直に申し上げて力だけの大山空手と言う偏見を払気、素直な評価を惜しまぬものでした。保守、消極的な賢友会の気風に新しい活気を吹込んだ意味で、先生の大会に共催として参加した意義は充二分にあったと小生は確信しております〉（『現代カラテ』1969年12月号）
「牛殺し」の大山は世に知られていても、実際に大山の試合を見た人はいない。大山の悲願、全日本選手権大会で「喧嘩空手」「実戦空手」が本物であり、華麗であることも証明した。当時はタブーの大会。それでも今なお50年以上続く極真の全日本選手権大会。師・大山の空手を第1回優勝者の山崎が体現したのである。

サマン戦が生涯一番

山崎の現役時代を知る関係者に取材をしたとき、最も印象に残っている試合、ベストファイトを必ず聞いて回った。ほとんどが極真の第1回全日本と答え、残りは山崎の名を世に知らしめたキックボクシングの2戦目、1969（昭和44）年4月のカンナンパイ（タイ）戦を推した。ただ、山崎自身は別の試合を挙げる。即答だった。

「サマン戦が一番いいよ。やっぱりさ、沢村忠がやられているのを生で見ていたから。

気合が入っていたな」

山崎は1969年に歴史に残る3試合（大会）をしている。

4月のカンナンパイ戦と9月の極真第1回全日本選手権大会。そして10月のサマン・ソー・アディソン（タイ）戦である。

「2試合だけ」という約束を交わし、山崎は渋々キックボクシングのリングに上がった。だが、2連続KO勝利を収め、中継するNET（現テレビ朝日）「ワールド・キックボクシング」の興行は、山崎抜きでは成り立たなくなっていた。

興行がある日でも、山崎が出場しないとなれば、スポーツ新聞は試合結果より山崎の紹介記事で埋め尽くされた。その都度、山崎はプロモーターやプロデューサーに強い口調で言った。

「私はもう試合をするつもりはありません。2試合の約束です。他にキックの試合に出たい選手やスターになりたい選手がいるのではないですか」。山崎は頑なだった。

梅雨入りしたばかりのある日、大山に呼び出された。

「きみ、NETのプロデューサーが何度も私のところに来て、『山崎君に出てもらえないか』と言うんだよ」

「押忍。でも、2試合の約束ですから…」

「うーん。あまりにテレビ局が気の毒だから、もう一度だけ出てあげたらどうかね」

「押忍」。山崎の覇気がない返事を聞き、大山は大きく響き渡る声で言った。

「きみ、経験だから。経験は大事だよ！」

1969（昭和44）年6月24日、NETは「チャリティサマーフェスティバル」と題し、東京・蔵前国技館でかつてないビッグイベントを予定していた。2部構成となっており、1部は歌手の仲宗根美樹、山本リンダ、ジェリー藤尾らがリングで歌謡ショーを行い、2部はキックボクシング。そのメインに登場するのが山崎だった。三たびキックボクシングのリングに上がることも嫌だったが、他にも気に染まないことがあった。

対戦相手は2カ月前にKOしたばかりのカンナンパイ。もう既に

カンナンパイとの再戦が組まれた大会のポスター。山崎の試合が「売り」だった

決着はついていた。しかも初戦の後、互いの技術を認め合い、交流が生まれた。ムエタイ独特のリズムに乗った蹴りの連打は空手にない動きである。少しでも習得しようとカンナンパイやトレーナーらと一緒に練習する機会が増え、互いに知った仲になっていた。これまでの「極真」の看板を背負って、死にもの狂いで闘った2試合とは明らかに違う。気持ちが入らないのだ。

渋る山崎に、大山は諭すように言った。

「きみ、一度、刀で斬られて死んだ人間が生き返って試合をするのかね？　闘いにおいて、再戦なんてあり得ないんだよ。初戦がすべて。斬られたら死ぬ。負けたら死ぬんだ。だから2戦目の勝敗なんて関係ないんだ」

初戦は命懸け。再戦は余興である。山崎は師の言葉に納得した。

観衆は6000人（主催者発表）。1部の歌謡ショーはお祭りムードだった。人気歌手がそれぞれの持ち歌を披露し、ジェリー藤尾の『聖者の行進』で幕を閉じた。

2部はキックボクシング。メインのリングに上がった山崎はこれまでとは違う、カンナンパイに習ったキックボクシングスタイルで闘った。最後は巴投げを繰り出すなど、まさに余興。2カ月前に「タイ人に前蹴りを効かす」と挑んだ、あの殺気のかけらもない。

結果は判定負け。初の敗北となった。試合後、カンナンパイはこんなことを言っている。

〈「きょうの山崎はこの前のようなすご味はなかった。どうかしていたんじゃないの…」〉（『日刊スポーツ』１９６９年6月25日付）。山崎の心をカンナンパイは感じ取っていた。武道に「再戦」の文字はない。これは負け惜しみではない。大山の思想に基づく。もうこれ以上キックのリングには上がらないと心に誓った。

ところが、思わぬオファーが届く。全日本王者となった直後、「極真の竜虎」として黎明《れいめい》期を一緒に支えてきた添野義二からの出場要請だった。

「俺の地元でプロモーターとして興行を打つからさ。頼むよ、出てくれよ」

「もうキックには出ないと決めているから」。あっさり辞退した。

添野は山崎の心が揺らぐ「隠し玉」を用意していた。

盟友・添野義二（左から３番目）の要請で、山崎（左端）は全日本王者として初めて試合に臨んだ

「おい、おまえの相手はサマンで考えているんだよ」

対戦相手の名前を聞くと山崎の胸がときめいた。

「サマン？　本当か？」

「ああ、あのサマンだ」

「おお、いいよ。やってやるよ」。試合や大会に価値を見いだせず、ただ己の空手道を追求する山崎にとっても、闘志をかきたてられる相手だった。

　サマン・ソー・アディソンは１９６６（昭和41）年６月21日、のちに国民的スターとなるデビュー２戦目の沢村忠から16度のダウンを奪い、４回ＫＯで初黒星をつけたタイ選手だ。山崎はその試合を会場の東京・渋谷リキパレスで観戦していた。サマンのしなるような蹴りの連打、接近戦の膝、顔面への強烈なパンチが空手着を身にまとった沢村へ襲いかかった。その光景を鮮明に覚えていた。

漫画「空手バカ一代」の中でも沢村を倒したサマンの強さが描かれている。右のコマの右は山崎、左は添野義二（©梶原一騎・影丸譲也／講談社）

全日本選手権大会を制してから、わずか13日後。極真王者となり、初めての試合。しかも絶対に負けられないムエタイとの他流試合である。

闘志を燃やしていたのはサマンも同じだった。空手着を初めて着て、極真の全日本に臨んだが、ルールの違いに戸惑いを隠せず、初戦敗退。今度は自らが主戦場とするキックボクシングでの闘いだ。当時の新聞には「ルンピニ・スタジアム系前ライト級一位」と紹介され、試合前はこう意気込んでいた。

「空手は日本の国技だし、慣れない僕たちが負けても当然だろう。しかしタイ式ボクシング（キックボクシング）は僕らの国技だ。負けるはずがない」

ムエタイのプライドを胸に、国技の威信をかけ、リングに上がってくるのだ。

極真王者か、ムエタイ戦士か

10月3日、所沢市民会館。観衆2000人（主催者発表）。

強いのは極真王者か。それとも沢村を16度倒したタイ戦士か。試合という枠でくることのできない、ただならぬ雰囲気。殺すか殺されるか。果たし合いである。それはサマンの気質に由来するのかもしれない。

この試合のレフェリーを務めたタイ人のウクリッド・サラサスがサマンの破天荒な私生活

を明かす。「サマンは来日中に目黒の宿泊先から飲み屋に行って、暴力団3人と喧嘩になった。そのとき、包丁を持ち出した相手の手を蹴って、やっつけたんだ。すごく気性が荒い選手だったからね」

山崎もリングで対峙した瞬間、すぐに感じ取った。「同じムエタイでもカンナンパイは紳士的。でも、サマンには殺気がある。それが伝わってきたんだ」

緊張感の中、ゴングが鳴る。

サマンが仕掛ける。いきなりのラッシュだ。主導権を握ろうとしてくる。山崎はいつものように前羽の構え。動かない。微動だにしない。

30秒、1分…。ゆっくり左に回る。そして、左足だけをスパーンと振りかざした。まるで鉈《なた》で切るかのごとく。

「綺麗な左の回し蹴りで倒した。これまでで一番綺麗に倒したと思う。『パンチで倒した』と書いてある本もあるけど、あれは得意中の得意の左の回し蹴りだよ」

あの感覚がよみがえる。

東京・日暮里の4畳半のアパートの部屋。4キロの鉄げたを足に巻き、裸電球から垂れるスイッチの紐《ひも》をひたすら蹴り続けた。足を思い切り振り上げ、素早く引く。住人に響かぬよう、まったく音を立てずに足を下ろす。あの動きだった。

息を詰めていた観客のどよめきがワンテンポ遅れて追いかけてきた。

1回2分6秒KO勝ち。

「サマンがストーンと倒れたんだよ。すぐに立ちあがって、ファイティングポーズをとってニタッと笑った。そうしたら顔色が変わって、そのまま崩れ落ちたんだ」

あまり試合や自らのことを語らない、無口でニヒルな山崎が少しだけ得意げになっている。

試合後、報道陣の前でこう言った。

「空手はキックに絶対に負けない」

この試合を自らの生涯ベストファイトにまで昇華させ、鮮明に脳裏に焼きつけたのには理由がある。リングサイドに一人の男がいたのだ。

会場に到着すると、山崎の耳に思わぬ言葉が入ってきた。

リング上で笑顔を浮かべる山崎。試合後に喜びをあらわにすることは珍しかった（１９６９年１０月３日、所沢市体育館で）

「大山（倍達）館長が来ている。テレビのゲストらしいぞ」

「えっ……」。これまで試合に両親さえ呼んだことはない。万が一、倒される可能性だってある。そんな死に様を誰にも見せたくない。それなのに、最も尊敬する大山が来場している。

「俺は事前に知らなかった。テレビが館長を呼んだんだろう。内心焦った。これはヤベーな、絶対に負けられないと思った。だから、勝ったときはどの試合よりも嬉しかった」

試合後、勝っても喜ばない、いつも冷静な山崎がリング上で歯を見せた。生涯で唯一「嬉しかった」と表現した試合。なにより師・大山の目の前で「極真王者」の強さを見せられたことが嬉しく、誇らしかったのである。

師・大山倍達（左）の目の前での勝利が何よりもうれしかった

山崎と沢村忠、もし戦わば

山崎のキックボクシング時代を振り返ると、至るところに沢村忠の名前が出てくる。言わずと知れた「キックの鬼」。

決して交わることのなかった山崎と沢村。もし戦わば、強かったのは「極真の竜」か。それとも「キックの鬼」か。

コミック「キックの鬼」第1巻の表紙は、沢村の代名詞である真空飛び膝蹴りを放つ場面だ（©梶原一騎・中城けんたろう／少年画報社刊）

梶原一騎は『空手バカ一代』を著作する前、『少年画報』の1969年2月号から71年8号（4月27日発売号）まで漫画『キックの鬼』（作画・中城けんたろう）を連載していた。冒頭でこのように紹介し、新興のキックボクシングと沢村の物語を描いている。

〈野球　ボクシング　相撲　プロレスにつぐ
第5の新生プロスポーツ　キックボクシング
これは　そのキックボクシングに　熱い青春の血のすべてをたたきつけた
東洋ミドル級チャンピオン　沢村忠の花とあらしの　半生記である〉

大学空手で強者の白羽《しらは》秀樹がタイ式ボクシングに触れ、キックボクサー沢村忠として、強豪と闘っていく。『キックの鬼』はテレビアニメ化もされ、1970（昭和45）年10月から71（同46）年3月までTBS系で放送された。毎週金曜日午後7時になると、沢村が歌うオープニングテーマで幕を開ける。少年からの絶大な人気を得て、リング上のファイトと、アニメのヒーローが重なり合うように、スターの階段を駆け上がっていった。格闘技を好む梶原は沢村をきっかけとして、キックボクシングに興味を持ったことは間違いない。

『キックの鬼』の連載を終えても、キックボクシングへの関心は変わらなかった。ただ、その興味の対象は沢村からある男へと変わっていった。

梶原原作の漫画『キック戦国史』（『週刊漫画ゴラク』1973年8月2日、9日号）はキック

■ 沢村忠・山崎照朝 比較

沢村 忠		山崎 照朝
キックの鬼	愛称	極真の竜
1943年1月5日	生年月日	1947年7月31日
241戦 232勝 228KO 5敗 4分	キック通算成績	8戦 6勝 6KO 2敗
98戦 95勝 94KO 2敗 1分	1969年末までの戦績	4戦 3勝 3KO 1敗
1966年 4月11日	キックデビュー	1969年 4月15日
1976年 7月 2日	最後の試合	1971年 2月 6日
TBS	中継テレビ局	NET（現テレビ朝日）
174センチ、61キロ	身長・体重	177センチ、63キロ
真空飛び膝蹴り	得意技	左回し蹴り
東洋ミドル級、ライト級王者	タイトル	極真第1回全日本王者
剛柔流三段	空手の段位	極真空手三段
日大芸術学部	出身大学	日大農獣医学部

ボクシングの主役が沢村から山崎に代わっていく物語である。
〈山崎照朝！　この男こそは　日本キック史上最強の男であった――
原作者【梶原】は大山倍達との交友をとおして
山崎とも知己だが　沢村とは「キックの鬼」の作者として　なお親しかった
しかし　あえて断言する――
山崎は　沢村より強かった！〉
梶原はそう言い切っている。
後半には山崎が沢村との対戦を懇願するシーンが出てくる。
〈当時　私（梶原）は日大在学中だった学生服の山崎に二度ばかりこういわれた――
押忍ッ　沢村と自分をやらせてくださいッ！〉
これはあくまで漫画の世界の話。山崎は「そんなことを言っていない」と即座に否定する。ただ梶原と問答を交わしたことは覚えている。漫画『キックの鬼』の連載が終了した1971年頃だったという。梶原が問い掛けてきた。
「沢村とやったら勝てるか？」
「勝負はやってみないと分かりません」
「沢村が闘っていいと言ったらやるか？」

「あちらがやるのでしたら」

山崎の答えは決まっていた。なにも沢村戦に限ったことではない。山崎には独特の勝負論がある。

「本当の勝負師というのは、自分から『誰々と闘いたい』とは絶対に言わない。周りが『誰々に勝てるか?』『勝てないだろ?』と、けしかけてくる。そうしたら『勝負はやってみないと分からない』という言葉しか出てこない。『やる』とは言わないし『やらない』なんて言えない。『じゃあやるしかない』となるんだ」

試合に興味はない。できればやりたくない。だが、それ以上に「逃げる」という選択肢はない。


1969(昭和44)年、大山倍達が山崎、添野、及川宏(現姓・大川)の「極真三羽がらす」に「極真ジム」としてキックのリングに上がるよう命じたことは、前に書いた。しかし、実はその前に大山は芦原英幸と添野の二人を館長室に呼び出していた。

添野がそのときの様子と大山の意図を明かす。

「最初に俺と芦原師範が呼ばれて、『私はプロレスラーの力道山に挑戦(を表明)したんだから、きみも沢村に挑戦しろ』と言われたんだよ。館長から『キックボクシングに出ろ』ではなく『沢村はTBSが作ったスターだから、やっつけてしまえ』と。そういう感じだったな」。極真ジムの出発点は「打倒沢村」だったのである。

中継するNET（現テレビ朝日）の狙いも明確だった。沢村に勝ったタイ選手を山崎にぶつけていく。沢村の連勝を止めたカンナンパイ、16度ダウンを奪ったサマン・ソー・アディソン。山崎はこの二人をKOした。

ところが、山崎はNET、沢村はTBSと試合を放映するテレビ局が異なり、直接対決には大きな壁があった。しかも山崎はプロの世界を毛嫌いしていた。

両者の対決は夢のままで終わった。

繰り返しになるが、山崎と沢村、どちらが強かったのだろうか。勝負に三段論法は成り立たない。「たら・れば」もない。だからこそ興味が湧く。

沢村の試合も裁いたレフェリー、タイ出身のウクリッド・サラサスはこう分析した。

「タイ選手は『山崎が一番強い』と言っていたけど、私はどちらが勝つとは言えない。強さは山崎さん、巧さは沢村さん。山崎さんは7割が空手、3割がムエタイの空手スタイル。パワフルで切れがある。沢村さんは8割がムエタイ、2割が空手。派手な膝蹴りや飛び蹴りを使う。二人はスタイルが全然違うから、比較は難しい」

静の山崎。

動の沢村。

山崎は勝利を最優先し、魅せることを激しく嫌った。なにしろほとんど動かない。NETのプロデューサーから「絵にならないから、もっと動いてください」と頼まれたこともある。もちろん、そんな言葉に首を縦に振る山崎ではない。真剣勝負とは「絵になる」ものではないのだ。NETの「ワールド・キックボクシング」を後援した日刊スポーツの黒田璋《あきら》は言う。

「なんと言っても、ピークの山崎照朝は素晴らしかった。強くて、颯爽《さっそう》としていて、礼儀もちゃんとしている。酒を飲んで騒いでいるような選手もいたけど、彼は違った。キックボクサーというより、やっぱり武道家だなと思いましたね」

沢村は1966（昭和41）年から76（同51）年までの10年間で241戦232勝228KO5敗4分け。

驚異を通り越して、異次元の数字である。まず241回もリングに上がったという事実はプロとして高く評価されるべきだろう。キックボクシングという新しいスポーツを広める上で分かりやすさは欠かすことができない。沢村の「真空跳び膝蹴り」という武器があったからこそ、子どもから大人まで多くの人々に魅力が届いた。

１９７３（昭和48）年、プロ野球では巨人が９連覇を成し遂げた。この年、沢村は３冠王の王貞治よりも評価され、横綱大鵬、長嶋茂雄らが輝いた「日本プロスポーツ大賞」を受賞。スポーツ界の頂点に君臨した。

しかし、玄人筋からの評判は決して芳しいものではなかった。関係者の間では「演出主体だった」という声が多い。対して、東京12チャンネル（現テレビ東京）でキックボクシングのプロデューサーを務め、剛柔流空手の大会で優勝経験もある田中元和《げんな》は「それでも、沢村の強さは本物だった」と強調する。

「野口（修）さんはスターを作るプロモーターとしては優秀だった。沢村は同じハイキックでもすごく見栄えがする。確かにあごが弱いし、演出主体だったかもしれない。それでも、空手出身らしく綺麗な技を持っていた。巧さ、実力、それなりのモノがないと、あそこまでのスターにはなれない。強かったことに間違いはないですよ」

玄人筋「沢村より山崎が上」

当時の書物や新聞をひもといてみた。そこで気になる記事を発見した。

１９６９（昭和44）年12月16日付の『デイリースポーツ』で「キックボクシング実力ランキング」を制定していた。６９年といえば、山崎がカンナンパイを葬り、極真の全日本王者としてサマンをKOした年だ。以下、引用する。

〈TBSは所属下の選手に序列をつけているが、NTV、NET、東京12チャンネルはノーランク制。これではTBSの沢村忠（目黒）が〝東洋ライト級チャンピオン〟と名乗っても、他の三局を支持するファンは納得しない。「いったいだれが強いのか」ファンの疑問にこたえるため、本紙特捜班が取材、作成した実力ランキングを公表しよう〉

【ライト級】チャンピオン　山崎照朝（極真）　1位　沢村忠（目黒）

紙面には大きな見だしが躍る。

〈山崎（極真）沢村（目黒）押え王者

断然上回る実力　人気・貢献度は劣るが…〉

記事では〈人気では沢村忠（目黒）だが、実力となると疑問〉とし、沢村が敗れたサマン、カンナンパイ（ともにタイ）の2選手に山崎はKO勝ちしていることを指摘。だが、両者の試合結果だけでは調査不足とし、その後、ランキングの理由が明示されていた。

〈沢村が所属しているTBS、山崎が活躍しているNETを除く、NTV、東京12チャンネルの関係者、選手二十人に『どちらが強いか』と打診したところ『山崎の方がやや強い』と答えた人が三分の二を超えた〉。関係者、選手からは、山崎の方が「強い」と見られていたのだ。

１９６９年末の時点で、山崎の４試合（３勝３ＫＯ１敗）に対して、沢村は98戦もこなしていた。６９年の沢村は振るわず、1月、カンナンパイに判定で敗れ、これがプロ２敗目となる２年７カ月ぶりの黒星。８月の試合で胸骨などを痛め入院し、８月下旬から10月半ばまで試合を欠場。破竹の勢いだった山崎と明暗を分けていた。凝縮された４試合の山崎。連戦で疲弊していた沢村。試合の重ね方も対照的だった。

もし戦わば――。

山崎の言葉を借りれば「勝負はやってみないと分からない」となる。沢村という太陽が高く昇り、キックボクシング界を照らしていたことは間違いない。

ただ、これだけは言える。１９６９年末から７０年にかけて、玄人筋の間では沢村より山崎の評価が高かった。一瞬の光かもしれない。それでもあのとき、山崎が放った閃光は、沢村よりも眩しく、光り輝いていたのである。

互いにリングを去ってから数年後のこと。山崎の記憶が正しければ、東京都内にある蕎麦屋の「銀座長寿庵」で沢村と偶然会ったという。山崎は知人と角の席に座っていた。知人が「沢村さんがいますよ」と目配せをする。いつもの癖で視線を左右に動かしていると、目が合った。沢村もすぐに山崎と認識したようだ。だが、二人とも何事もなかったかのように、蕎麦をすする。食事を終え、挨拶や会話を交わすことなく、店を後にした。

まねできない異次元の才能

妖刀村正

大石 代悟

当時の連中はみんな山崎先輩を目指していました。夢のような先輩であり、私は一番可愛がってもらった後輩かなと思います。しょっちゅう日暮里のアパートに遊びに行ったり、食事をおごってもらったり。（大山）泰彦先輩は運動神経の天才。山崎先輩は運動神経だけでなくて、異次元の才能。すべてにおいて天才でした。それは、人がどんなに努力をしても追いつけないし、まねすることもできないもの。もう、ああいう人は出てこない。硬派で「こんなに格好良くて、強い人がいるんだ」って思いましたから。梶原一騎さんも先輩を見てぞっこんになってしまった。梶原さんは超一流が好きでしたからね。

これは私が白帯の頃、先輩が全日本で優勝した年の日記です。「山崎先輩と西田先輩が指導した。組手をしたが俺はこわくてやらなかった」と書いているくらい。私だって、生意気の盛りですよ。でも、先輩の稽古は厳しかった。自分自身にも絶対に妥協しなかったですし。特に第1回（全日本）の前はすべてを断って、ストイックに稽古をされていました。もう気迫が違う。数カ月前から近寄れないくらい。勝負師の顔ですよ。天才が、頭の中は空手だけになって、もう別世界に行ってしまった感じです。

第1回大会のときの先輩の構えはすごかった。あの稽古量だったから、あれだけ腰が落ちた（構えになった）。しかも、あの腰の位置から蹴りが

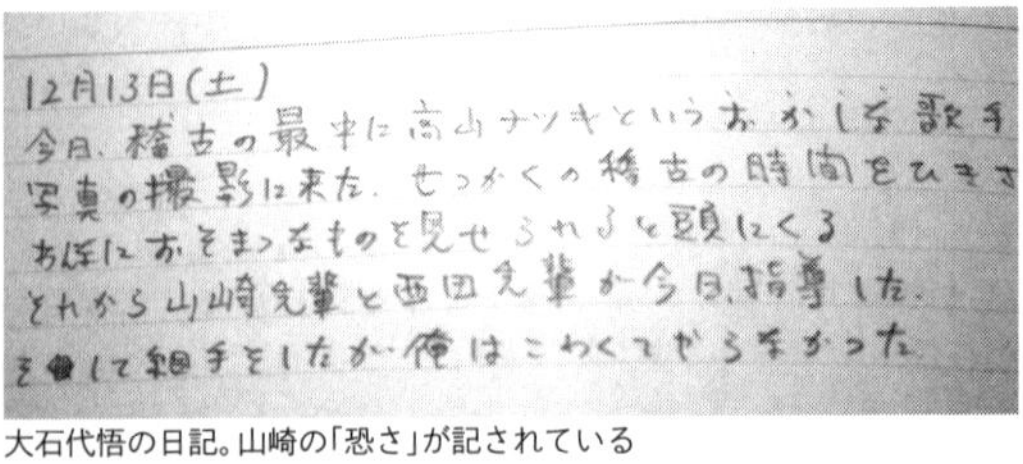
12月13日（土）
今日、稽古の最中に高山ナツキというおかしな歌手
写真の撮影に来た。せっかくの稽古の時間をひきさ
ちほにおそまつなものを見せられると頭にくる
それから山崎先輩と西田先輩が今日、指導した。
そして組手をしたが俺はこわくてやらなかった

大石代悟の日記。山崎の「恐さ」が記されている

出る。よほど足腰が強くないと無理ですよ。あれが極真空手の本当の構えなんです。目線は相手の顔に向かっていて、「いつでも顔面に入れて倒せるんだぞ」ってね。体重が63キロでも、絶対に崩れない。本部道場にいた大きい外国人と組手をやっても、ぶつかるたびに相手が逆に下がっていましたから。受けと攻撃が一緒で、「受け即攻撃」と言うのは簡単だけど、できるのは何千人、何万人に一人しかいない。でもね、先輩は「大会は1回勝てばいい」と思っていたのかな。全日本の第2回大会の前には、別世界から、ああ、人間の世界に帰ってきたんだなと思いました。

　道場では一緒でも、普段の自主稽古はあまり見せてくれなかった。先輩は地下でやっているんだけど、とても（地下に）入っていけるような雰囲気ではない。人に見えないところでやっている。天才は人より気になる部分があったり、磨くところがたくさんあるのかな。人の2倍、3倍と稽古をしていたと思います。

　私が26歳になる年、1976（昭和51）年4月に静岡支部長の認可を受けました。そのとき、先輩から「道場を持つのはいいけど、1日1回は道着を着て稽古をしろよ」と言われたんです。その言葉を覚えているし、40年以上経った今でもずっと守っています。

おおいし・だいご　1950年生まれ。山梨県出身。足技の切れ味は「妖刀村正」と呼ばれる。第3回全日本選手権大会3位。第1回全世界選手権大会4位。世界総極真代表。

第5章／梶原兄弟との決別

映画主演のオファー拒む

山崎照朝は極真会館の館長、大山倍達の問いかけに必ず「押忍《オス》」と答え、従ってきた。

「俺はね、シビアなメンタルを持っていると思うけど、館長の前では『押忍』しか言えなかった。何を言われても『押忍』。『こうしなさい』『押忍』『押忍ばかり言っていても分からないだろ』『押忍』『答えなさい』『押忍』といった具合にね。でも、添野（義二）はポロッと意見を言う。あいつは割と言えるんだよ。でも、俺は一切言えなかったな」

絶対的な主従関係。だが、唯一従わなかったことがある。

「きみ、明日、あいているかね？」

「押忍」

「撮影があるから、道場に来なさい」

「押忍」

返事とは裏腹に、約束を反故《ほご》にした。たとえ師の指示であろうとも、芸能界への誘いだけは拒んできた。全日本選手権大会などの後援をした日刊スポーツの元企画部長、黒田璋《あきら》はこう話す。

端正な顔立ちは、まるで二枚目俳優。スター性は抜群だったが…

「大山館長はよく『テレビや撮影の頼み事をしても山崎は言うことを聞かないんだ』とボヤいてました。私は逆にね、山崎君は芯の通った武道家だと思いましたけどね」

大山は山崎を看板にテレビなどマスメディアに露出させ、極真の名をより広めたかった。スーパースターに仕立て上げたかったのだ。身長177センチ。すらっとした体躯の持ち主で女子人気が高く、「大学生キックボクサー」「空手日本一」という肩書きも脚光を浴びた。取材や撮影、テレビ番組の出演依頼などが続々と舞い込んでくる。揚げ句の果てには、主演映画の構想まで持ち上がる。

題名は『世界ケンカ旅行・空手戦争』。ちょうどブルース・リー主演のカンフー映画『ドラゴン危機一髪』（ロー・ウェイ監督）が日本で公開され、大ヒットした直後だった。『日刊スポーツ』（1974年5月10日付）にはこう綴られている。

〈映画は"牛殺し"で有名な大山倍達氏の原作「世界ケンカ旅」と梶原一騎氏の「空手戦争」の二本の原作をもとに、空手の道を極める男たちのすさまじい世界を描くもの。

主演は全日本空手道選手権の第一回チャンピオンY氏に白羽の矢を立て内諾を得た。（中略）企画者の梶原プロ代表梶原一騎氏は「ブルース・リーの香港映画など、あんなのは空手ではなく、アクロバットであり、作られた美しい舞踊にすぎない。（中略）この映画で空手に対する誤った認識を是正したい」といっている。〉

原作は大山と梶原。梶原一騎プロダクションの作品で、空手家１００人が出演。その主役が山崎だった。いかに二人が山崎に惚れ込んでいたか、わかるだろう。映画主演のオファーが来れば、普通なら舞い上がって当然。しかし、山崎は自ら背を向ける。

弟で極真空手黒帯の山崎照道《しょうどう》が説明する。

「兄はスターになると芸能界に近くなると考えていた。そうなるのを嫌がっていた。元々、芸能界が好きじゃないと言っていましたから。テレビや映画の話もたくさん来たけど、断ってばかりいましたね」

時代は山崎を欲していた。間違いなくスター街道を歩むことができた。だが、山崎はプロの世界に関心がない。国民的ヒーロー沢村忠のようになろうとは思わなかった。

山崎には小学生のころのトラウマ（心的外傷）がある。松竹歌劇団（ＳＫＤ）に所属する次姉・愛恵《なるえ》がテレビ番組で一列に並び同じステップを踏むラインダンスを踊っていた。画面に映るタイツ姿で足を上げる姉。

恥ずかしい…。その姿を見た瞬間、嫌悪感を覚えた。

「テレビを見た友達が、すごくからかってくるんだ。悪ガキが机の上に乗って姉のまねをして俺に向かって踊るんだ。喧嘩になるのは全部それが原因。だから俺は芸能界が嫌い。あんな格好をしてまで姉はスターになりたいのかと思ったね。芸能界は俺が考える武士道とは対極にあるしな」

サインを頼まれても苦痛でしかなく、拒むことも多かった。いつしか「スター」「芸能界」という言葉を毛嫌いするようになっていた。

キックボクシングの試合前に歌謡ショーが行われ、多数の歌手が出演。仲宗根美樹(右)、日野てる子の美人コンビが山崎のもとを訪れ、一緒に記念撮影をする(1969年6月24日、東京・蔵前国技館)

NETラスト3連戦

キックボクシングのオファーも絶えなかった。

カンナンパイ、サマン（ともにタイ）を倒し、周囲は山崎をNET（現テレビ朝日）のエースとして扱うようになった。なんとかして、リングに上げようと必死になっていた。

NETの「ワールド・キックボクシング」は1969（昭和44）年4月の旗揚げから月2大会ペースで進め、年内は計18興行。そのうち、山崎が出場したのはわずか4試合しかなかった。この間、俳優の安岡力也がデビュー戦を1回KOで飾り、メインは添野義二やボクシング新人王の松本敏之が務めることが多かった。

タイ人のレフェリー、ウクリッド・サラサスが言う。

「10チャンネル（NET）は山崎さんをメインにしようとしていた。でも山崎さんは試合に出たくないから、松本にしてもらったりしてね。そんなことを繰り返していた。山崎さんがもっと試合に出ていたら時代は変わっていたと思う」

極真勢とテレビ局のパイプ役を任された加藤重夫も困惑させられたという。

「NETからは『視聴率をとる試合を』『もっと動きのある派手な試合を』と言われるけど、真剣勝負でそんな簡単に動ける試合にはならない。なかなか難しかったよね」

沢村を放映する右肩上がりのTBSとは対照的に、視聴率が上がらない。NETは10％

に届かず、5〜8%をうろうろしていた。営業不振と視聴率の伸び悩みに苦しみ、崖っぷちに立たされていた。

1970(昭和45)年が幕を開けた。

「戦国キック」は正月から東京・後楽園ホールで興行合戦を繰り広げていた。1月2日のTBS系に沢村が登場し、3日の日本テレビ系も大盛況。6日の東京12チャンネル系(現テレビ東京)では、ボクシングの元東洋チャンピオン権藤正雄がデビューし、少し遅れて9日にNETは5階級の王座決定戦を実施した。だが、そこに山崎照朝の名前はなかった。

1月半ば、山崎はプロモーターから懇願された。

「お願いだから、次の試合に出てくれないか」。ストレートな言い方で、困窮している様子が伝わってきた。ここで山崎の気持ちに変化が起きる。

「分かりました。いいですよ。これが本当にラストですよ。出ましょう」

最後のご奉公とばかりに、2月の興行に出場することを了承した。だが、事態が急転する。1月末、NETは3月いっぱいで「ワールド・キックボクシング」の放送打ち切りを決めた。残りは後楽園大会、札幌大会、後楽園大会の3試合。

山崎はすべて出場することになった。

「そうだなあ…。最後の方はもう消化試合だよ。プロモーターがいい人だったので、もう最後だし、『あと1試合、もう1試合』と頼まれたら断れなかった。ファイトマネーはメインイベンターが4万円。それはずっと変わらなかった。他（の団体）と比べたら、格段に少なかったと思う。『山ちゃん、いつも少なくて悪いね』と言われていたから。でも、そんなのはまったく気にならなかった。確か、九州に行ったこともあったんだ。そこのプロモーターが金を持って逃げちゃった。結局試合に出ないで帰ったこともあったな」

『デイリースポーツ』のコラム「控え室」にはこう記されていた。

〈昨年四月第三勢力として花々しくスタートしながら一年足らずでジ・エンド。打ち切りの決定的理由は視聴率の悪さからきた営業成績の不振。「最近になってようやく軌道にのり出したと思っていたのに中止はほんとうに残念。くやしくてたまりません。結局われわれの力が足りず、これからということを社内に認識させられなかった」育ての親、石井敏明ディレクターも残念そう。（中略）ただNETの放送中止はキック界に一つの警鐘を鳴らしたことは確か。現在のようにそれぞれの局が本家を主張てんでんばらばらなやり方で過当競争をしていては第二、第三のNETが出ないとは限らない〉

2月6日、東京・後楽園ホール。サマンに勝って以来、4カ月ぶりのリング。

山崎がいない間、メインを務めてきたのがボクシング新人王の松本敏之だった。その松本の連勝を7でストップさせた、ヤディサック・スリムーン（タイ）と対戦する。

ＮＥＴがタイの強豪を山崎と対戦させる方針は最後まで変わらなかった。

レフェリーのサラサスはこの試合をサマン戦と並び、山崎の好ファイトに挙げる。

「ヤディサックは荒々しい性格でね。タフでパンチもある。巧い選手でもあった。でも背が低い。山崎さんの前蹴りでヤディサックは中に入れなかった。山崎さんは（キックボクシングの）闘い方に慣れてきたのかなと感じましたね。とてもいい試合だったと思う」

蹴りで中に入れず、左右のストレートから再び右でタフなヤディサックをキャンバスに沈め、３回32秒ＫＯ勝ち。翌日の『日刊スポーツ』では〈からだは引き締まりファイトは〝水を得た魚〟のように張りがあった〉と称賛された。

２週間後には札幌に飛んだ。２月21日、札幌中島スポーツセンター。冬の北海道は厳しい寒さで雪が舞っていた。

コミカルな動きで人気があるバイヨク・ボーコーソウ（タイ）と向かい合う。２回にワン・ツーでダウンを奪い、３回１分36秒、右の強打で圧巻のＫＯ勝ち。

そして迎えたＮＥＴ最終戦。２月27日。前戦からわずか６日後。約20日間で３試合目の強行日程だ。東京・後楽園ホールには２８００人（主催者発表）が駆けつけた。メインイベントでビラディック・ルコンタン（タイ）と対峙する。今度こそ、キックボクシング最後のリング。一方で、山崎は放送中止になった責任を少なからず感じていた。

『日刊スポーツ』（2月28日付）に試合内容が綴られている。

〈山崎がビラディックを右の高い位置の回しげりでKO。カムバック以来三連続KO勝ちで実力者ぶりをみせた。ビラディックは山崎の右の強打を警戒したが、山崎はその裏をかいて、キックだけで攻め込んだ。ビラディックの後頭部を伸びのある一発のキックでフィニッシュしたのは見事だった。ほかの日本選手ではちょっとまねは出来ない〉

1回2分28秒KO。一発で沈めた。最後に放った蹴りは美しかった。

山崎の回想。

「俺はグローブを着けているし、ワン・ツーしか打てない。アッパーとかフックとか関係ない。ワン・ツー、回し蹴り、ワン・ツー、前蹴り。これしかやっていない。あとは気力。前へ前へ。相手が来ても下がらず前に出るもんだから、相手がひるむ。1ミリでも下がったら負け、というのが鉄則。プレッシャーをかけられたときには、逆に1ミリでも前に出る。それはキックになっても、空手の頃と変わらなかったな」

極真空手からキックの名伯楽となった加藤重夫は「美しさ」と「強さ」は比例すると断言する。

「（教え子でK―1王者の）魔裟斗にも言ったことがあるけど、誰が見ても綺麗な技を出せない選手は強くなれない。犬だってそう。本当に強い犬、土佐犬とかはぐちゃぐちゃ闘わない。美しく闘う。山崎もそう。間合いがうまくて、蹴りは華麗。呼吸の仕方も知っていた。風格がありましたよね」

極真、キックから撤退表明

ＮＥＴの放送打ち切りで、極真ジムはキックボクシングから撤退を表明した。キックボクシングに積極的だった大山の立ち位置は時が経つにつれ、徐々に変わっていった。当初、添野に「打倒沢村」を伝え、山崎らには「キックボクシングの試合に出てくれ」と指令を出した。自身もＮＥＴのゲスト解説を務めるなど協力をしてきた。だが、少しずつ距離をとり、手を引くのも早かった。

最後の様子は『内外スポーツ』（１９７０年3月1日付）に詳しい。

〈極真ジムは極真会館（大山館長）系。一部に「空手を銭もうけの手段に使うとは」と反対意見もあったため「この際キック界と手を切る」ということになってしまった。

「残念だがもう引退します。今年の九月に（第2回）全日本空手オープントーナメントがありますから、それに全力をかけます。キック界から引退します」

山崎はこういって寂しそうな表情。有望なボクサーだけに「引退は早い」と押し止める人もいるが、山崎の決意は変わりそうにない〉

極真の機関誌『現代カラテ』（1970年8月号）でも、あらためて極真会館と極真ジムの間に明確な線を引いていた。

〈まちがえていけないことは、極真会館及び大山師範は、あくまで、極真ジムに対しては親切なアドバイザーであり、協力者であるかも知れないが、極真ジムそのものの運営、決定は、極真ジム独自のものであり、尊重される自主的なものである。大山師範及び極真会館はそれによって利を得ることはいささかもない。（中略）極真ジムそのものは、極真会館での修行者の自発的共同体なのである。〉

山崎は翻弄《ほんろう》された。意思に反し、極真会館と極真ジムを行き来した。空手とキックボクシングの掛け持ち。今なら「別競技」と理解されるだろう。似て非なるものを両立させてきた。しかも当時はキック専門の練習場はない。指導者もいない。極真の強さを証明するためだけの「極真ジム」。その役割を終えた。1969（昭和44）年4月に初めてキックのリングに上がり、カンナンパイを倒した。9月に極真空手の第1回全日本を制し、再びキックのリングへ。沢村を倒したサマンにテンカウントを聞かせた。激動の1年は終わった。

間近で見てきた加藤はしみじみ言った。

「当時はキックも空手もやらないと駄目。今考えると無茶苦茶。無理ですよ。本当にものすごい時代の極真だったなあ」

山崎自身、目指してきたのはスポーツマンではない。武道家である。それは師・大山の教えでもあった。

山崎のこの言葉を聞けば分かるだろう。

「スポーツ選手は反則をしちゃいけないし、大会に優勝するために練習をする。俺がやるのは目玉が飛び出ようが、喉元を折ろうが、どっちが先に命を捨てるかの闘い。ルールなんてない。大山館長はいつも喧嘩でどう闘うか考えていた。道場ではそういう教えだったんだ」

試合に勝つためではない。実戦のための空手。道場では顔面を狙う者もいる。「参りました」と言うまで殴り続け、寝技で関節を取りにいく者もいた。男の急所をつかみ、握りつぶすこともあった。何でもあり。喧嘩だ。それが極真の原点であり、山崎の原点でもある。だからこそ、ルールのある試合や大会に価値を見いだせなかった。

日大にキック同好会結成

一方で、強さへの貪欲な姿勢は変わらなかった。ムエタイの独特のリズム、蹴りに興味を持ち、より強くなるための鍛錬として、キックボクシングの練習に打ち込んだ。

『デイリースポーツ』(1970年3月8日付)で、〈どこへ行く? ”キックの王子“ 山崎〉

と大きな見出しが躍った。記者の間では最後まで沢村忠以上の評価だったという論調で書かれ、記事の中で山崎はこんな話をしている。〈今度、日大内に〝キック同好会〟を結成しました。現在会員は三十人程度です。キックはいいですね。キックのリズムにほれました。あのリズム感、空手が強くなるためにはぜひ取り入れなくてはなりません〉

ここで記されているキック同好会は、正しくは「日本大学足蹴拳闘部」。当初は同好会だったが、日本初の大学キックボクシング部となった。

日大の1学年後輩で足蹴拳闘部に所属した堀越薫は回想する。

「山崎さんが同好会に来たときには指導もしていました。だけど、空手と掛け持ちだったから毎回来られない。だから（東京・恵比寿の）山田ジムでタイ人に教えてもらったり、プロになろうとしている練習生とスパーリングしたり。添野（義二）さん（埼玉県所沢市の道場）のところにも行きましたね」

大学が封鎖された学生生活で、山崎にとってキックボクシング部は楽しい思い出だった。

「山田ジムにスパーリングへ行ったら、タイの軍隊チャンピオンが来ていた。『山崎、スパーリングやれよ』と、けしかける奴がいてな。スパーが終わったら、お互い認め合っているんだけど、彼にもプライドがあるんだろう。軍隊チャンピオンが『俺はムエタイのチャンピオン、山崎は空手のチャンピオン、オレはムエタイでは負けない』と、まだ言ってくる。

それで、たまたまジムに石があったから（手刀で）割ったら、すごく驚いてな。俺にとってはたいしたことじゃないけど、それから、一目置かれるようになったんだ」

山崎は大学キックボクシング部の輪を広げていこうと精力的に動いた。他大学に働きかけ、卒業後の1972（昭和47）年10月には日大、拓殖大、専修大、帝京大、東海大、早稲田大の6校で学生キックボクシング連盟が発足。翌73（同48）年6月23日には日大と拓殖大で「合同練習」という名の実質的な対校戦が実現した。

日大で山崎の3学年下だった松元隆雄は言う。

「私が大学4年の代のときにキックの学生連盟が設立されたんです。それは山崎さんの働きかけがなければできなかった。普段から山崎さんは『ちゃんと胸を張って歩け。正々堂々と歩け』と言っていたことを覚えています。『なんかあったら俺がケツ持つから』と。とても大きな存在でしたね」

第2回全日本は準V

極真の第2回全日本選手権大会を迎える。1970（昭和45）年9月26日。場所は東京体育館。1年前、「殺人大会」と揶揄《やゆ》された殺伐さは和らいでいた。第1回大会で3位だった長谷川一幸はこう話す。

「だいぶ(雰囲気は)変わっていました。『殺す』とかはないですから。それでも向こう(他流派) は狙ってきますよね」

山崎は1回戦から逃げる相手を追い掛けて蹴りを放ち、圧倒的な力の差をみせつけた。3回戦で金村清次、4回戦で佐藤定志と向かい合う。蹴りは鋭く、威力は群を抜いていた。決勝リーグに残ったのは、第1回大会と同じ、山崎、添野、長谷川だった。またもこの3人が「極真」の看板を守ったのである。

長谷川との対戦。「思い切りこい」と伝えた。試合開始直後、一気に攻めてきた長谷川に倒され、下段突きで一本負け。あっという間の出来事だった。優勝への執着心の差が顕著にあらわれた。長谷川は振り返る。

「私は (優勝を) 狙っていました。愛媛の芦原 (英幸) 先輩のところに (試合前) 1カ月くらいいて、芦原先輩の稽古が終わってからも、最低5、6時間はやっていましたから。自分はチャンピオンになりたいから、それくらいやっていましたね」

生涯初のダウン、判定負け

第2回全日本を終えると、NETの「ワールド・キックボクシング」が打ち切りになったにもかかわらず、山崎の元にはまたもキックのオファーがやって来た。今度は岡村プロモーションが主催する東京12チャンネル（現テレビ東京）からだった。

この試合に限っていえば、山崎には出場する明確な意図があった。

「あれはね、出ると決めたのは、大学のキックボクシング部を盛り上げたい思いがあった。でも、相手がまた再戦でな…。ちょっと俺の気力はなかったけどな」

スポーツ新聞各紙で〈元「ワールド・キックボクシング」のエースが新天地でカムバック〉と大々的に報じられ、注目を集める。

1971（昭和46）年2月6日、東京・後楽園ホール。「極真ジム」の看板はなくなり、山崎は所属ジムがなく、宙ぶらりんの状況だった。ジムの名前だけ借り、「添野ジム」としてリングに上がった。

対戦相手はNETの最終戦でKOしたビラディック（タイ）。東京12チャンネルではリング名をウイラア

■ 山崎のキックボクシング成績

年　月　日	選手名	出身	勝敗
1969・4・15	ピサダン	タイ	○　KO 2回　45秒
4・25	カンナンパイ	タイ	○　KO 1回　1分33秒
6・24	カンナンパイ	タイ	×　5回判定
10・3	サマン・ソー	タイ	○　KO 1回　2分6秒
1970・2・6	ヤディサック	タイ	○　KO 3回　32秒
2・21	バイヨク	タイ	○　KO 3回　1分36秒
2・27	ビラディック	タイ	○　KO 1回　2分28秒
1971・2・6	ビラディック	タイ	×　5回判定

デアレイック・ルークロンタンと変えていた。

山崎はこれまでと違い、キックスタイルで試合に挑んだが、1回中盤に肘のカウンター、右の強打を浴び、生涯初のダウンを喫し、判定で敗れた。

セコンドには佐藤勝昭が就いていた。

「先輩はダウンした後、バンバン追い込んだ。前へ前へと動いてすごい反撃でした。あれだけ向かっていく先輩の試合を見たのは空手でもキックでも初めてです。判定で負けちゃいましたけど、最後まですごく追い込みましたね」

これを最後にキックボクシングのリングを去る。山崎は現在まで「キックは全部で10試合」と思い込んでいたが、正式な記録として残る戦績は、8戦6勝（6KO）2敗。対戦相手は全員タイ人。黒星は1969（昭和44）年6月のカンナンパイ戦と71（同46）年2月のビラディック戦。いずれも一度KO勝ちした相手だった。山崎にとって「再戦」は余興である。

「俺は戦績に興味がない。これまで正確に知ろうとも思っていなかった。それを看板にして生活の糧にしようとか、飯を食っていこうとか考えていなかったからな。キックは毎試合のようにプロデューサーやプロモーターに『今回が最後の試合』と約束させて、仕方なく応じていた。一戦一戦が『これが最後』と命懸けの真剣勝負。だから、いちいち通算何試合とか何勝とかチェックをしていないよ」

戦績を気にしない。それもまた山崎らしい。タイ人を相手に、切れのある華麗な技で戦い抜く姿はテレビ中継を通じて広く伝わり、新聞で報じられることも多かった。

東京12チャンネルで、キックボクシング中継を担当した田中元和はきっぱりと言う。

「山崎君は極真を他流試合で売り込むスターだった。極真の中にあったものをブラウン管を通して（広く一般に）見せた。そういう意味の功績は大きい。キックでも空手というクラシックなものを崩さない。武道家的でね。いい面構えをしていて、スター性があったよね」

『空手バカ一代』で注目

1971（昭和46）年5月から『週刊少年マガジン』で劇画『空手バカ一代』の連載が始まった。

最初のページは手刀で瓦割りをする空手家の白黒写真。背景は黒一色で、白い文字で次のように綴られていた。

〈事実を事実のまま　完全に再現することは　いかに　おもしろおかしい　架空の物語を生みだすよりも　はるかに困難である――　（アーネスト・ヘミングウェイ）〉

実在する人物や道場をノンフィクション仕立てで描いていく。

主人公の「マス・オーヤマ」はニューヨークで5人のギャングを一蹴し、シカゴでは猛牛を一撃で仕留め、「ゴッド・ハンド」と歓声が飛んだ。話は国内に移り、梶原が東京・内幸町の「東京中日新聞社」を訪れ、「マス・オーヤマ」の活躍を伝えた。

戦後の場面になると、大山は女性を襲う進駐軍を叩きのめしたかと思えば、山籠もり中には煩悩を払いのけるため、片眉を剃り、自らを戒めた。

盛り上げるキャッチフレーズとして、『週刊少年マガジン』のページの上部には「大山倍達　死闘の半生をエネルギッシュに描く　空手ノンフィクション」と記されている。

大山倍達、極真会館への読者の関心が回を重ねるごとに高まっていく。

注目が集まる第3回の全日本選手権大会。

大会数カ月前、山崎は添野に言った。

「もう出るのをやめよう。後輩に譲ろう」

「おう、そうだな」。添野も応じた。

「極真の竜虎」として、第1回、第2回大会を盛り上げた山崎、添野は出場しない。決意は固かった。

ある日、道場の地下でいつものようにサンドバッグを蹴っていた。視線を感じる。山崎が目をやると、直立不動の男がいた。佐藤勝昭だった。

「何やっているんだ？」

「教えてください」

背筋を伸ばして、真剣な眼差しで見つめてくる。

「おまえ、体がでかいんだから、今の空手で十分。パワーでいけばいいよ」

佐藤は身長179センチ、体重83キロ。幼少期から柔道に励み、高校卒業後も講道館に通うなど体つきはがっちりしていた。

「押忍」。返事はするものの、一向に去らない。第2回大会で長谷川一幸に回し蹴りを浴び、一本負け。担架で控え室まで運ばれ、佐藤にとって屈辱的な負け方だった。

「おまえ、本当に俺に習いたいと思っているの？」。山崎が鋭い目つきで問い掛ける。

「押忍。お願いします」

「よし、じゃあ言うよ。俺はおまえとやったら絶対にコントロールできる。負ける気がしない。なぜかというと、パワーはある。蹴りもパンチもある。でも、引きがないんだ。一度攻撃したら構えが崩れる。だから、攻撃してきたのをさばいたら、いつでも懐に入れるよ。蹴ったらすぐ引く。パンチを打ったらすぐ引く。蹴りや突きが『3』、引きが『7』のスピードでいい。そのバランスのつもりじゃないと駄目だ」

山崎は「引き」の重要性を伝えた。闘いにおいて、大切にしていることだった。打ったら速く引く、蹴ったら速く戻す。

その日から毎日のように二人で稽古に励んだ。サンドバッグを蹴ったと思ったら、より速いスピードで引く。繰り返す。何度も何度も。床には汗の水たまりができた。それでも繰り返す。次第に佐藤の構えが崩れないようになっていく。

本番では決勝で当時29歳の大山泰彦を破り、頂点に立った。


山崎はもう選手を引退したつもりだった。翌春には会社員になることを決めていた。しかし、大山は山崎を手放すまいと就職の斡旋をしてくる。

「きみ、もう就職の口利きはしてあるから。心配しなくていいんだよ」

「館長、私はサラリーマンとして生きていきます。空手で飯を食うつもりはありませんので…」

山崎が断っても、大山は受け入れなかった。会うたびに声を掛けてくる。

「きみ、あそこの社長には就職のことを言ってあるから。いいんだよ」

大山から指定された会社に行くつもりはなかった。自ら新聞広告の募集欄で見つけ、劇場用のニュース映画やＣＭを配給、制作する「中日映画社」に就職が決まった。今後は体がなまらないように、週２、３回程度、道場へ顔を見せるつもりだった。

1972(昭和47)年3月、日大を卒業した。

空手にすべてを捧げた大学生活が終わった。高校時代は山梨から東京・池袋の道場まで3時間以上かけて通った。社会人生活を経て大学へ。酒もたばこも女もやらない。まさに「空手バカ」として、完全燃焼した。試合や大会の結果を言っているのではない。極真入門から大学卒業までの7年半、思い描く空手道を邁進し、完遂したのだ。

「寝ても覚めても空手だった。どうすれば強くなれるのか。1年365日、休まず稽古をしなくては強くなれない。誰よりも厳しい稽古をしたという自負がある。俺の空手人生は大学4年までだな」

自然と道場から足が遠ざかる。

それでも師・大山は山崎を手放さなかった。サラリーマンになってもそばに置き、時に闘いを命じた。それだけ山崎という男は稀有な空手家だったのである。

振り返れば、ボクシング漫画『あしたのジョー』で山崎がモデルとなった力石徹が初めて登場したのは1968年6月2日号。山崎がキックボクシングのリングに上がる1年近く前だった。

山崎が原作者の梶原一騎に初めて会ったのは1968(昭和43)年の初頭とみられる。

まだ山崎照朝の名は世に知られていなかった。極真空手の黒帯の一人に過ぎない。だから、山崎は、梶原に会うなり、尋ねたという。

「なんで、俺のことなんか知っているんですか？」。梶原から明確な答えはなかった。

いろいろと問い掛けてくる梶原を制し、再び聞いた。

「なんで、俺なんかに興味があるんですか？」。返ってくる言葉はなかった。

添野義二は『吉田豪の空手☆バカ一代』（白夜書房）のインタビューで当時の梶原を振り返り、〈山崎照朝を可愛がっていたんだもん〉と話している。

山崎は、梶原より11歳年下にもかかわらず、人気漫画原作者をヨイショするわけでもなく、むしろ、ぶっきらぼうで愛想がない。聞かれたことにぽつぽつと答える程度。酒を飲むわけでもない。車代も受け取らず、かわいげもない山崎を〈可愛がっていた〉という。

極真ブーム到来

極真会館の道場は入門希望者でごった返していた。

『週刊少年マガジン』の『空手バカ一代』が爆発的な人気になった。本部道場だけではない。支部にも多くの若者たちが駆けつけた。『添野義二　極真鎮魂歌』（小島一志）には埼玉支部の様子が描かれている。

〈当時、私は支部長とはいっても道場を開設して一年ほどだった。入門者も二桁を維持するのがやっと、という状態だった。ところが「空手バカ一代」の連載が始まるや否や、突然のように入門志願者が急増した。もちろん、総本部の入門志願者の多さは埼玉支部の比ではなかったが…。金銭的な話をするのも野暮だが、道場経営者の立場から言わせてもらえば、毎月の収入が四、五百万円という信じられない黒字経営になった。そしてその状態は、劇画連載中ほとんど衰えることはなかった〉

大山倍達の名は広まり、「極真ブーム」を生み出した。

功労者である梶原の極真会館内の立場は当然のように高まっていく。

『空手バカ一代』と歩調を合わせるように大山が校長となり、梶原らの協力を得て、空手の通信教育「マス大山空手スクール」を1971（昭和46）年6月1日に開校した。極真空手、大山倍達の名を通信教育でさらに拡大していく計画だったことが分かる。

通信教育の内容は、300点以上の写真や図の入った指導書をテキストとし、受講生はレポートを提出する。年に数回の合宿訓練（スクーリング）や進級審査も実施された。

1973（昭和48）年春には東京・渋谷の梶原プロダクションと同じフロアに極真会館渋谷支部（支部長・梶原一騎）として「マス大山空手スクール」の実技道場を開いた。

師範代には、山崎が指名された。もう一人の師範代には梶原の実弟で作家の真樹日佐夫《まきひさお》

（本名・高森真士《まっち》）が就任。真樹は極真に入門し、全日本で大会審議員を務めるなど、以前から極真に深くかかわっていた。

梶原の秘書兼運転手を務めた阿部義人が経緯を明かす。

「山崎先輩を師範代にしたのは、梶原先生の肝いりです。極真の中で山崎先輩を一番認めていましたから」

実技道場は月曜日から土曜日の午後6時30分から。稽古は本部道場と同じ、2時間半みっちりと行われた。当時の様子が機関誌の『現代カラテマガジン』（1973年8月号）に描かれている。

〈「ウリャア！」「トオ！」

渋谷駅南口ドまん前のビル街の一角から夕刻の六時半をすぎると、たくましい気合の声が響きわたる。

このたび極真会館本部から「渋谷支部」として正式に認可された大山カラテスクール実技道場のケイコ開始の時間だ。

「大山空手スクールの通教生も激増しているが、通信教育だけでなく実際に道場にもきてもらって日頃の疑問に答えたり手を取ってコーチしてあげれば、より理想的！」

と、大山館長（スクール校長）と梶原一騎先生（渋谷支部長）の意見が一致してスタートしただけに、師範代もスゴイ！

第一回全日本のチャンピオンであり、いちじキック界に進出したときも沢村をしのぐ実力日本一と専門家がオリガミをつけた極真空手の雄・山崎照朝三段だ。

その山崎師範代のキビシイ愛のムチのもと、やってる、やってる、汗だくでシゴかれている通教生たち！

ひときわゴツイまるでプロレスラーのような男がいると思ったら、アマレスとボディビルのゴーケツ片山善平サンだ。

「空手や柔道なんてボクの怪力でヒトヒネリと自信があったが、極真空手だけはちがう。山崎師範代の強さにホレた。その強さが一年生のように素直に、黒帯を夢みて精進する心境にしてくれました」

片山ゴーケツが語れば、通教生一同も
「日本一の実力者に教わる幸福でイッパイ！　一日ごとに自分が強くなる充実感であびるケイコ後のシャワーはサイコー！」

今秋の全日本トーナメントには、この中から片山ゴーケツはじめ数人が参加し、さぞや旋風をまき起こすだろう。

「実戦に、喧嘩空手に強い男――すなわち真の極真空手家を育てるのが私の方針！」

山崎師範代は力強く語るのだから――。〉

第1回全日本王者の山崎を看板に受講生を増やそうとしていることが分かる。

山崎の回想。

「俺はね、通信教育とか全然知らなかった。後になって、『梶原一騎の事務所に道場ができたから』と言われてな。詳しいことは全く知らない。そこで『教えてくれ』って言うからさ。それだけ。通信教育がいつからか知らないけど、渋谷の道場で教えたのはもうサラリーマンになってからだな」

中日映画社に入社して1年が経ち、社会人の生活に慣れてきた頃だった。山崎は仕事があるため「できるときに週2、3日の指導なら」と師範代を受諾する。そして、付け加えた。

「金はいりません。その代わり教えて納得がいかなかったら、辞めさせてもらいます」

1カ月後、梶原は指導料の6万円を山崎に手渡そうとした。

「お金は本当にいりませんから」。山崎はそう言って、受け取らなかった。

空手で金儲けはしない。それは山崎の哲学だった。

『週刊少年マガジン』の『空手バカ一代』の連載の下には「マス大山空手スクール」の広告が掲載され、若者たちは殺到した。通信教育の生徒はあっという間に1万5000人を数えた。

その中の一人が高校時代に柔道でインターハイに出場し、国士舘大に進学した梅木三輝《みつき》だった。「指導員・山崎照朝」という宣伝を見て、受講を決めた。ちょうど、『週刊漫画ゴラク』に掲載された『キック戦国史』で、キックボクシングの主役が沢村忠から山崎へと代わる物語を読んだばかりだったという。

梅木は山崎と初めて会ったときのことをはっきりと覚えている。

「当時の国士舘といったら、今とは違って、相当悪かったんです。だから、よほどの人でない限り、怖いと感じたり、目をそらすことはなかった。でも、山崎さんの威圧感がすごくて、目を見られなかったですね。なんとも言えない雰囲気があって…。それからはよく稽古をつけてもらって、可愛がってもらいました」

山崎は社会人となり、池袋の本部道場に行く時間はない。空手の稽古と呼べるのは、マス大山空手スクールでの指導くらいだった。

梅木を柔道二段と知ると、「こいつとならある程度できる」と思ったのか、練習後に残らせ、長時間にわたり組手をした。

梅木は懐かしんで言った。

「先輩との組手は昔の極真の稽古のやり方だったと思う。顔面も入れられたし、急所も蹴られた。寝技あり、関節技ありで、いまの総合（格闘技）みたいですね。僕は柔道で寝技に自信があったし、『空手で寝技なんて』と思ったけど、先輩は『流れで（寝技も）いいんだ』と。他の道場生は見て驚いていました。先輩との組手は怖かったけど、楽しかった。とにかく『倒されても絶対に目を離すな』と言われましたね」

大会や試合で勝つための稽古ではない。山崎が思い描く空手道、入門した頃の極真を実践していた。

丸刈りにした理由

1972（昭和47）年。残暑が一段落し、第4回全日本選手権大会まであと1カ月の頃だった。山崎は、久しぶりに池袋の本部道場に顔を出した。

稽古を終え、師範代の郷田勇三と添野義二の3人で池袋駅へと向かう途中、喫茶店に入った。

郷田がポロッと漏らした。

「今年は盧山《ろうやま》が全日本に出るんだ」

「そうですか。それはよかったですね」

山崎と添野は、盧山初雄が極真に復帰することを喜んだ。

盧山は1948（昭和23）年3月生まれで山崎と同学年。極真会館の前身である大山道場時代から修行を積み、19歳で指導員になった。極真の入門では先輩にあたる猛者だった。北朝鮮からのスパイの疑いがある者と交流があったとされ、68（同43）年3月に極真から破門。その後、嵐五郎のリングネームでキックボクシングのリングに上がり、中国拳法の太気至誠拳法宗師の沢井健一に仕え、空手道拳道会の中村日出夫の内弟子になった。極真とは他流派で腕を磨いていた。

「俺はもう大会に出るつもりはないですから。（盧山は）いつ極真に戻ってくるんですか」

山崎が郷田に尋ねた。

「……」

なかなか答えが返ってこない。どうやら話は一筋縄ではなさそうだ。

郷田は一呼吸置いて、盧山の言葉をそのまま口にした。

「あんなところには戻る気ないです、だって」

つまり、他流派籍で大会に挑むことを意味していた。山崎の頭は切り替わった。

「添野、これは挑戦だよ」。たたみかけるように続けた。

「俺たち、全日本に出なきゃまずいな」

盧山といえども、他流派から出場するとなれば話は別だ。しかも極真が見下されていると感じた。山崎にはどうしても聞き流すことができなかった。キックボクシング、全日本選手権大会とこれまで「極真」の看板を守ってきた自負と誇りがある。極真に敗北は許されないのだ。

山崎は郷田に向かって、力を込めて言った。

「先輩、必ず伝えてください。俺がその挑戦を受けてやる、と。だから、必ず全日本に出てくるように言ってください」

絶対に負けない――。

山崎は気合が入った。すぐに床屋に行き、長い髪の毛をばっさり切り、丸刈りにした。

自ら全日本選手権大会にエントリーをして、盧山の参戦を待つ。

だが、盧山はなかなか出場の意思を示さない。

山崎が当時の心情を語る。

「あの頃は大会の前日だって、極端な話、当日だって、館長が『オッケー』と言えば、出られちゃう。当時はそういうもの。（盧山が）いつ出てきてもいいように気持ちを張り詰めていた。他流派の挑戦なら、『俺が受けてやる』と宣言したんだから。俺が勝負してやる。本当にそういう気持ちだったな」

1972（昭和47）年10月22日。東京体育館。

試合が始まっても盧山は現れなかった。この時点で、山崎の心は切れた。今大会の役割はもう終えたのだ。

変わっていく極真空手

決勝リーグ進出をかけた試合で、ハワード・コリンズと対峙した。

コリンズは英国・ウエールズ出身で、2年前から池袋の本部道場で汗を流してきた。身長178センチ、体重は90キロとパワーは群を抜く。だが、山崎はこれまで道場で何度も組手を交わし、一度も負けたことはなかった。実力差は明らかだ。試合は終始押し気味に進めていたが、終了間際に右回し蹴りを首に浴びた。

館内がどよめく。一瞬の隙を突かれ、大本命が散った。

「あれはな、『さあ、これから行くぞ』とキックスタイルでリズムをとっていたら、(自分の)手が死角となって、コリンズの蹴りが一瞬見えなくなった。それで蹴りをもらってクッと腰を落とした。主審の大山茂先輩もびっくりしていたし、コリンズ自身も驚いていたけどな。試合後、俺はコリンズのところに歩みよって『ユー・アー・チャンピン』と伝えたんだ。あれは俺の負け。負けを認めているよ」

Aブロックがコリンズ、Bブロックは三浦美幸、Cブロックは佐藤俊和が勝ち上がり、決勝リーグは三者で争われることになった。

決勝リーグ前の休憩のときだった。大会特別主審を務める中村忠と大山茂が山崎のところにやって来た。二人は愚痴るように言った。

「参っちゃうよ。『分かっているね、きみ、まだ外国人を優勝させるわけにはいかないんだよ』と言われてよ…」

言葉のニュアンスから大山の意向であることは明らかだった。大山は大会途中に体調を崩し、会場から病院へ直行した。その際に「言付け」されたのだろう。

この年の4月、パリで行われた寸止めの第2回世界空手道選手権大会で全日本空手道連盟（全空連）の日本代表が団体戦で敗北、個人戦は棄権した。極真とは別団体の結果にもかかわらず、空手で日本が敗れる事態に、大山は日本代表を批判する声明文を発表した。

〈日本古来の武道、空手をプレー、ゲーム化した試合を、私たちは断じて認めるわけにはいきません。

日空連（全空連）と私たち国際空手道連盟との本質な相違もここにあります。私たちが全く関知しない世界選手権大会、それに出場した選手団を、あたかも全日本の代表であるような扱い自体、不合理極まるものといわねばなりません。

私たちはここに日本、全世界に向かって、パリで行われた世界選手権大会の無効を断乎宣言するものであります〉（声明文を一部抜粋）

大会プログラムの「ごあいさつ」では〈先般私の出しました〝日本の空手は負けていない〟という声明文には多数の方々からそのご賛同をいただき、心より感謝いたしております。〉と念押しするかのように記していた。

英国・ウエールズ出身のコリンズが決勝リーグに進出し、自らが館長を務める極真でも、今まさに同じようなことが起こるかもしれない。

山崎は怒声混じりで主審を務める中村忠と大山茂にお願いした。

「そんなの構わないですよ。正々堂々とやらせてあげてください」

しばらくすると、話が伝わったのか、今度はコリンズが山崎に泣きついてきた。どうすればいいのか、戸惑っているようだった。

山崎は困り顔のコリンズにはっきりと伝えた。

「気にすることはない。いいからやっちゃえ。構わない。一発入れちゃえばいい。判定になると分からないから、伸ばしちゃえばいい」

コリンズ、三浦、佐藤。山崎は誰の肩も持つつもりはない。三浦は、添野の大学の後輩であり、深い親交がある。

大山ら幹部の意向で勝敗が決まるのではなく、純粋に強い者が勝つのであれば、三浦でも、佐藤でも、コリンズでも、誰でもかまわない。

決勝リーグ第一試合でコリンズと三浦は対戦した。

『現代カラテマガジン』（1972年12月号）に試合内容が記されている。

〈動きの少ない緊迫した試合運びとなった。道場では先輩の三浦選手だが、コリンズ選手の巨体を利しての攻撃に押され、これといった決め手を奪えないまま延長二回でようやく小差の判定をものにした〉

コリンズは二度の延長戦の末、敗れた。思惑が働いたのか、それとも公平に裁かれたのか、真実は分からない。

山崎はそんな話が出ること自体、嫌でたまらなかった。これまでもルールに縛られる試合や大会に価値を見いだせなかった。第1回大会で優勝しても喜びはなかった。

喧嘩に強くなりたいがゆえに始めた空手だ。極真の稽古は何でもあり。ルールはない。荒くれ者たちが集まって、腕を磨き合う。「参りました」と言うまでやり合う。強さだけを求めてきた。そんな極真が好きだった。愛していた。

山崎はずっと変わらない。

極真が変わっていったのだ。

大会が始まり、試合が行われ、当然のようにルールもできる。多くの選手が大会の優勝を目指し、稽古に励む。大山には相反する二つの思いがあった。「空手は武道」「鍛錬と精神の統一」という思想。もう一つは〈空手をショー化して、皆さんに楽しんでいただく〉（『週刊大衆』1964年10月8日号）。極真空手を世に広めたいという気持ちが強かった。次第に後者の思いが勝っていく。

山崎が思い描く極真と実際の方向性に乖離《かいり》があった。その溝がさらに広がった。もう大会に出場することはない。

大会終了から約2カ月後。年末に池袋の本部道場へ顔を出すと、そこには盧山がいた。極真に復帰することが決まっていた。

急きょ出場の第5回全日本

漫画『空手バカ一代』の連載開始から2年が過ぎ、大山倍達、極真空手の名は全国区になっていた。1973（昭和48）年の第5回全日本選手権大会は、東京12チャンネル（現テレビ東京）でのテレビ放送が決定した。

東京12チャンネルでプロデューサーを務め、第5回大会の中継を担当した田中元和《げんな》は大会前、大山に要望を伝えたという。

「当時、極真の選手は少ないから、テレビ中継するにあたり、まずはしっかりとしたメンバーがほしい、と。テレビは力があったし、館長に何でも言えた。言わないと館長の場合、めちゃくちゃな試合になる。例えば、判定で赤となっても、館長が『駄目』と言ったら延長になっちゃう。それはテレビで通用しないですよ、と。録画放送とはいえ、もし、3回も延長になったら、本戦と3回目の延長しか放送できない。それではどっちが強いのか、どんな試合なのか分からない。だから、館長に、きちんとした大会、試合運営にしてくださいと事前にお願いしたんです」

山崎も大きく頷く。

「(第4回の)コリンズの話もそうだけど、当時の極真はそういう大会だったと思う。全部のカード、館長が決めている。館長の手の中にある。館長の思惑や私情が入るのが、俺が出ていた頃の大会。俺が自分から『極真チャンピオンです』と言わないのはそういうこと。館長はアメリカでプロレスを見て来たからヒーロー、スターをつくるのがうまい。梶原先生が描きやすいストーリーというのかな。第5回大会もどういう大会になるのか、だいたい分かっていた。世界大会の話も出てきて、そこも視野に入っていたんだろうな」

大会まで2週間を切った頃、山崎は大山から呼び出された。

「きみ、次の大会に出てくれないか」。ゆっくりと目を見て話す、その言い方には迫力があった。

「館長、もう私はサラリーマンとして働いておりまして、稽古もやっておりません」

下を向いたまま、そう答えた。大会にはもう興味がない。満足する練習も積んでいない。納得する動きもできないだろう。しばらく沈黙が続く。

「きみが大会に出ないとお客さんが来ないよ。大会にならないよ。出なさい！」

大きな声が館長室に響き渡る。これはもう命令だった。

「押忍」

そう答えるしかない。

大学を卒業し、社会人2年目。空手といえば、忙しい仕事の合間を縫って、マス大山空手スクールの指導をする程度だった。当時、マス大山空手スクールの道場生だった梅木三輝は、山崎が大会に出場するとは考えてもみなかったという。

「先輩は自分の稽古というより、第一線を離れて指導している感じでしたからね。大会に出る素振りは一切なく、（大山から）言われたのは大会1週間前くらいだったと思う。僕が先輩の道着を持って帰って、洗って、うちの姉に64番のゼッケンを道着に付けてもらいましたから。それを試合会場に持って行ったんです」

１９７３（昭和48）年11月4日。東京体育館。

64人のトーナメント。第3回全日本優勝者で第5回大会にも出場していた佐藤勝昭は会場でこれまでと違う山崎の振る舞いを見て取った。

「先輩から勝利への執着を感じられなかったですね。まだ大会の途中なのに観客席で試合を見ていましたから。普通なら控え室で試合の準備をするのに、なんでだろう、おかしいなと思いましたから」

愛弟子の梅木も言う。

「先輩の試合を会場で見たのは第5回大会が最初で最後。だから、以前のことは分かりませんが、先輩は試合が終わると、ずっと私と一緒に観客席で試合を見て、リラックスしていましたね」

山崎は2試合をあっさりクリアし、Dブロックの準決勝では海外勢で今大会の目玉となるディラ・チャラカンボ（タイ）と対戦する。

大会プログラムの「大会によせて」では、

極真の全日本選手権の審判席に並んで座る（左から）大山倍達、梶原一騎、真樹日佐夫

作家で大会審議員の真樹日佐夫はこう記し、タイ選手に注目していた。

〈5度目をかぞえる今大会最大の呼び物は「タイの荒鷲」チャラカンボ――。ボクシング・バンタム級の元東洋チャンピオンで、かの有名なファイティング原田、関光徳などからもダウンを奪うという経歴を持つ上、例のタイ式ボクシングでも200戦に近い試合の殆どをKO勝ちで飾っている驚異の強豪だ〉

山崎に知名度や他競技での格は関係なかった。チャラカンボは身長154センチ。山崎より20センチ以上も低い。

山崎は身長差を強調するように、大きな構えで滑らかに動いた。左の膝蹴りを素早く放ち、間合いを取る。離れたと思ったら、すかさず鋭く破壊力のある左の上段回し蹴り2連発を顔面に入れ、あっさりと仕留めた。

終始、余裕のある闘いぶり。完勝だった。

「梶原一騎が俺に『50万円でタイから連れてきた選手なんだ』と言っていたな。でも、あれだけ小さくて、俺に勝てるわけがない。格違い。実力差のある相手と闘って、長引かせるのは相手に失礼。普段の稽古でもそう。だから一発で仕留め、もう下がれ、と。それが俺の優しさ。稽古では脳しんとうを起こして倒れそうになる相手をパッと手を出して頭を床に打たないように支える。それが格下とやるときの組手であり、優しさ。

中村忠先輩、大山茂先輩もみんなそうやっていた。それくらい余裕がある組手をしていたんだよ」

決勝トーナメントに進み、準決勝。第4回大会で3位に入った佐藤俊和との対戦となった。

この試合は山崎の真骨頂だった。大きな構えのまま動かない。しびれを切らした佐藤が攻撃を仕掛け、それをさばいていく。

1分すぎ。佐藤の下段蹴り。山崎はすねで受け止めた。蹴った佐藤が右足を痛め、顔をゆがめて足を引きずり、場外へ。試合を再開したものの、佐藤は尻餅をつき、足をさすっている。試合続行不能となり、山崎の勝利に終わった。

漫画「空手バカ一代」の中でも大山倍達（右）は山崎（中央）の技を「天才だけの切れあじ」と絶賛している。このカットは第5回全日本選手権準決勝のシーン（©梶原一騎・影丸譲也／講談社）

山崎の解説。

「俺の場合は鉄壁の防御。受けは受けにあらず、と言ってな。鉄の壁、鋼の壁をつくれば、そこを蹴っても相手が痛がるだけ。その壁をどう作るか。それを常に考えていたな。こっちが攻めるのではなく、来るのを俺が崩す。得意とする待ち拳の組手だな」

決勝の相手は、極真に復帰し、今大会が初出場となった盧山初雄。

第4回大会の前とは状況が違う。もう他流派ではない。山崎の心の中で勝負は終わっていた。丸刈りではなく、長髪姿。決勝は同門の極真対決にすぎなかった。

盧山のローキックと山崎の上段回し蹴りが交錯する。極真史上に残る名勝負といわれる闘いになった。山崎は敗れ、準優勝に終わった。

負けた悔しさも、やり遂げた充実感もなかった。試合が終わると、山崎から歩み寄った。笑顔で抱き合う。すると、盧山が耳元でささやいた。

「おまえとできなかったら、大会に出てきた意味はないからな」

山崎にははっきりと聞こえた。

「一瞬、かちんときたけどな。特になんとも思わなかった。あの頃は稽古をまったくしていなかった。大学時代の財産でやっていた。自分の意思ではなく、これが最後のご奉仕と思って出た大会。あれから本部道場にはぴたっと行かなくなったんだ」

鏡の前に立ち、構えを確認する山崎。第5回全日本大会以降、池袋の本部道場で稽古することはなかった

東京12チャンネルで大会の中継を担当した田中元和は試合後、ねぎらいの言葉を掛けたという。

「山崎君はブランクがあったのに本当に立派だった。華麗な高いキック、やっぱりスター性があったね。猫足の構えでね。空手らしい空手。私の中では最後の空手家だね」

たとえ時間があろうとも、極真の道場に稽古で足を運ぶことはなくなった。未練はない。あったのは解放感だけ。実にあっさりしたものだった。

道場に行かなくなったのにはもう一つ、大きな理由があった。

極真会館の名札外す

第5回の全日本大会が終わり、しばらくした後。真っすぐすぎる、時に偏屈な性格が予期せぬ展開を呼んだ。

1974(昭和49)年夏のある日、梶原一騎から連絡が入った。

「きょう芦原(英幸)が来るから。山崎と添野、おまえたちも一緒に来いよ」

■ 山崎の極真全日本選手権成績

年	回数	成績	選手数	優勝者
1969	第1回	優勝	48	山崎　照朝
1970	第2回	準優勝	48	長谷川一幸
1972	第4回	4位	48	三浦　美幸
1973	第5回	準優勝	64	盧山　初雄

【注】第3回は出場せず

食事の誘いだった。指定された店を訪れると、梶原、芦原だけでなく、梶原の弟で作家の真樹日佐夫もいた。真樹はマス大山空手スクールの実技道場で山崎とともに師範代を務め、週に何度か顔を合わせていた。山崎と添野は酒を飲まない。二人は早めに店を出た。

その夜、少し酔った芦原から電話がかかってきた。

「おい、おまえたちが帰った後、真樹が『喧嘩をしたら、佐藤（勝昭）にも、岸（信行）にも、大石（代悟）にも負けない』って片っ端から名前を出していたんだ。それで挙げ句には『山崎はチャンピオンかもしれないけど、喧嘩なら負けない』と言っていたぞ」

真樹が吹聴していることは、これまでも山崎の耳に入っていた。酒の席の話かもしれない。だが、芦原から直接聞かされたら黙ってはいられない。これまで、梶原兄弟に礼を欠いた覚えはない。極真の渋谷支部にあたるマス大山空手スクールの実技道場にも仕事が許すかぎり足を運び、無給で指導にあたっている。真樹は7歳年上だが、それでも聞き流すことができなかった。

山崎はゆっくりとした口調で芦原に伝えた。

「分かりました。他の奴は道場を経営していたり、いろいろと大変でしょう。俺はサラリーマンだから関係ない。俺が（真樹を）締めますよ」

翌日からマス大山空手スクールの指導を無断で休んだ。そこまで言われて行く義理はない。腹をくくった。次に何かあれば、喧嘩を買ってやる。

山崎は極真会館の本部道場に忍び込んだ。道場に誰もいないことを確認する。壁に並ぶ道場生の名札。「三段」のところにある「山崎照朝」の木札を見つめる。極真入門から約10年。掲げてきた名札をそっと外した。

梶原と真樹は師・大山と兄弟の契りを交わしていた。師匠の「弟」と喧嘩になるかもしれない。それは大山に歯向かうことを意味する。その前に極真から名前を外さなくてはならなかった。名札をアパートに持ち帰り、破門を覚悟した。

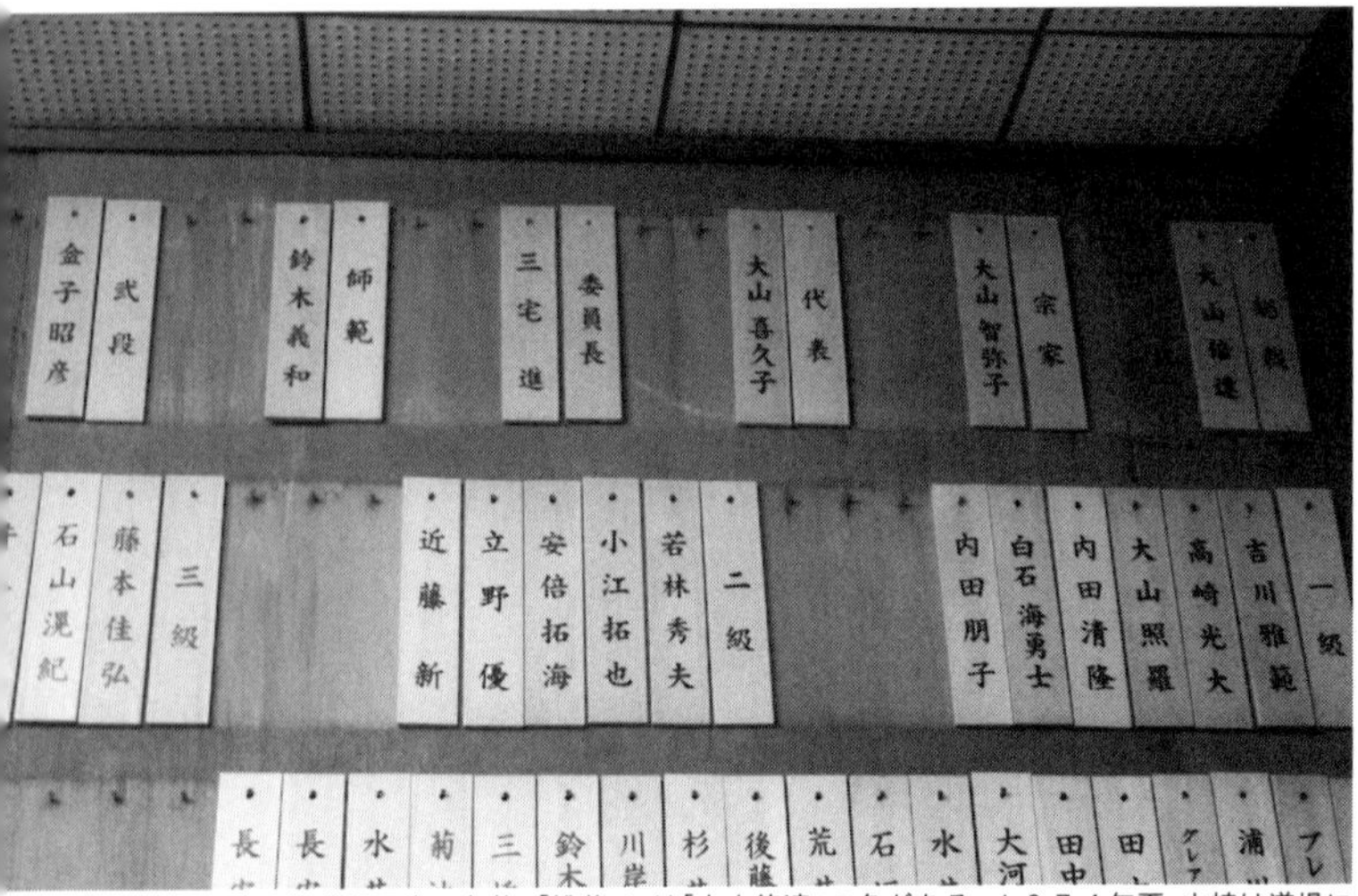

道場の壁に並ぶ門下生の名札。「総裁」には「大山倍達」の名がある。１９７４年夏、山崎は道場に忍び込み、「三段」のところにあった名札を外した（２０１３年2月4日、東京・池袋）

梶原兄弟に対する大山の思い

数週間後、夏の蒸し暑い夜だった。部屋の電話が鳴った。真樹からだった。梶原の声も聞こえてくる。マス大山空手スクールの指導を無断欠勤していることをとがめられた。

「なんで指導に来ないんだよ」

真樹の怒鳴り声で耳が痛い。

「押忍」

「『押忍』だけじゃ分からないんだよ！」。15分ほど罵倒された。

梶原も後ろで叫んでいる。「てめえ、なめてんのか！」

もうこれ以上我慢できない。山崎は覚悟を決めた。腹から声を出して言い返す。

「『喧嘩だったら山崎より強い』だって？　今からそっちに行くからどこにいるか教えろ」

真樹はしばらく黙っていた。しびれを切らし、山崎もゆっくり力を込めて言った。

「銀座だろ。俺は銀座なんか分からないんだから、ちゃんとわかりやすく言えよ。すぐに行ってやるから」

真樹が応戦する。

「こっちからおまえの家に行くから待ってろ」

「分かった」

再び電話が鳴った。今度は芦原からだった。

「おい、山崎、梶原先生から電話が来たぞ。おい、どうするんだ？」

「先輩、誰かが締めないと駄目ですから。先輩はね、いま漫画（空手バカ一代）でいろいろと大変でしょう。道場もありますよね。だから俺がやりますから」

「おい、そんなこと言うなよ」

『週刊少年マガジン』で連載されていた『空手バカ一代』の主役は大山から芦原へと代わっていた。芦原にとって、梶原の存在は大きく、大切な先生だった。

その後、何度も電話が鳴る。芦原からだった。

「おい、こんな夜中に梶原先生から5分おきに電話がくるぞ。寝られないんだよ。今、梶原先生と喧嘩したらまずいんだ。我慢してくれ。おい、山崎、聞いてくれ、俺の頼みだ」

芦原の声も切羽詰まっている。山崎は最後の言葉を聞き逃さなかった。

「うん？　先輩、いま『頼みだ』と言いましたよね。俺に頼むんですか？　俺は後輩ですよ。先輩に頼むと言われたら、俺も考えないといけない。我慢できたら我慢します。我慢できなかったら、勘弁してください」

山崎は冷静にそう言って、電話を切ると、アパートの玄関を出て、梶原兄弟の到着を待った。数十分後、東京都世田谷区下馬のアパートの前に、梶原兄弟がやってきた。

ランニング姿の山崎は腕組みをして手を出さないよう必死にこらえている。一触即発。いつ殴り合いが始まってもおかしくない。

梶原が確認してくる。

「おい、芦原から電話なかったか？」

「なんで先輩から電話が来るんだ」。山崎はすっとぼけた。

その返事を聞くと、梶原は慌てて山崎と真樹の間に入って言った。

「真樹は作家だ。空手のチャンピオンが作家と喧嘩して勝っても仕方ないだろう」

「いや、喧嘩を仕掛けてきたのは真樹さんの方でしょう。空手の王者といってもたかが一流派の大会。天下の梶原兄弟と喧嘩した方がはるかに価値がある」

「真樹が若かった。おい、勘弁してくれ。ほら、頼むから握手をしてやってくれ」

梶原に腕をつかまれ、強引に真樹と握手をするよう導かれた。

梶原の秘書兼運転手として車の中から一部始終を見ていた阿部義人が安堵の表情で振り返る。

「あのとき、私の運転で梶原先生と真樹さんが（山崎の）アパートまで行きまして。本当に一触即発。なんとか殴り合いにならずに済んだ。名札を外したのは山崎さんのけじめ。空手に懸ける男の美学だと思います。生き方が清廉潔白、武道一筋。正直、真樹さんは敵も多かった。結局、山崎さんは梶原兄弟と考え方が合わないと感じたのではないでしょうか」

翌日、大山から連絡があり、館長室に呼び出された。

「きみ、梶原先生と何かあったんだって？」

既に梶原がことの顛末を大山に伝えていたのだ。

「いや…」

「うーん。きみは梶原先生と私が兄弟分と分かっているのかね。真樹は私の弟分だよ」

「押忍。知っております。ですので、既に道場から自分の名札を外させてもらいました」

山崎は破門を覚悟した。

「うん？　何だって？」。大山は一瞬険しい顔をした。すぐに表情を戻し、続ける。

「きみ、それで喧嘩にはならなかったのかね？」

山崎からも詳細を聞きたいようだった。

「押忍。芦原先輩から電話があって、最後に『頼みだ』と言われまして。先輩からそう言われたら喧嘩するわけにはいかないですし、手を出さず、我慢しました」

しばしの沈黙。少しずつ大山の顔が赤く染まっていくのが分かった。

「きみ、なぜやっちゃわなかったのかね。半殺しにすればよかったんだよ！」

怒声が館長室に響き渡った。

「えっ…」。山崎は思わず、声が出た。

「なんだ、芦原の野郎は！」

次々と意外な言葉を浴び、山崎は戸惑いながら館長室を後にした。

そのとき、初めて知った。

大山の梶原兄弟に対する心中を──。


この騒動以後、山崎がマス大山空手スクールに足を踏み入れることは二度となかった。池袋の本部道場からも遠ざかっていた。

「極真」と名が付く道場で稽古することはなくなった。

「俺は偏屈かもしれないな。でも、譲れないものがある。大事なものを失ったとしても筋を通したかったんだ」

残ったのは山崎が極真会館から名札を外したという事実だけ。それでも己を曲げず、生き様を貫いた。悔いは一切なかったのである。

ずば抜けたスピード、切れ

照朝の弟

山崎 照道

俺は兄貴がいたから、極真を辞めたんです。組手をやって、絶対に兄貴には勝てないと思ったから。他の先輩ならいつか倒せるかも、というのはあったんですけどね。あの当時、道場では、みんなそう思っていたんじゃないかな。回し蹴りに対して、肩を入れた受け方をしたり、肘や膝の使い方は俺が兄貴に一番似ていたんでしょうね。辞めた後、添野（義二）先輩には「おまえ、もうちょっとやっていれば良かったな」って言われましたよ。

極真は途中からローキック勝負とか、体力勝負みたいに変わっちゃったけど、昔はそうではなかった。スピードと切れでね。その中でも兄貴は秀でていた。体が細いからって、蹴られたら飛ばされるかというと、そうではない。それは兄貴の肘と膝の技術で、蹴った選手の足が痛くなる。その技術もずば抜けていました。キックボクシングの試合では、蹴ったタイ人の足がぷっくりと腫れあがっていましたから。

兄貴はキックの試合のときは必ず俺を連れて行ったんです。「もし、何かあったら、俺のことを連れて帰ってくれ」と言われたから。でも、実際は行くだけで、何もないんですけどね。試合前に腰を痛めたときも、足が上がらないときも、キックの試合に「出る」って言うんです。ああ、一度交わした約束に対しては、覚悟と責任感があるんだな、と思いましたね。あくまでキックボクシングは勉強というスタンスだったけど、その後の蹴り技が変わったから、本当にすごくいい勉強になったのではと思います。

近くで見ていて、みんなが言うほど、練習していたとは感じないんです。でも、研究熱心。

ただ殴っているのとは違う。構えにしても懐が深い。同じことを同じだけやっても自然と上に行く人のことを「天才」と言うんだと思う。それは持っているものが違うということ。そういう意味では同じ稽古をやって、兄貴の方が上に行ったんだから、そう（天才）なのかもしれないですね。

一番すごいのは当てられないこと。ボクシングのモハメド・アリもパンチをもらわなかった。兄貴も目が良かっただろうし、もらわないで倒すところがすごい。キックの試合後はいつもきれいな顔。パンチで赤くなったところすら見たことがないですから。

でも、プロになる気はまったくなかったですよね。映画の話もたくさんありました。いろいろとオファーが来ても、拒んでばかりいた。芸能界が好きじゃない。ある意味、スターになると、芸能界に近づいてしまう。本当に目立つことが嫌いな人でした。ずっと武道家、空手家でいたかったんでしょうね。

やまざき・しょうどう　1950年生まれ。山梨県出身。5人きょうだいの三男で末っ子。極真の第2回、第3回の日本選手権大会に出場。第3回大会は佐藤勝昭に敗れた。

第6章 クラッシュ・ギャルズ

格闘技レポーターを兼務

山崎照朝は、いくつもの顔を持っている。

極真会館の黎明期を支えた空手家であり、ムエタイ戦士を倒したキックボクサー。

サラリーマンとしては、中日映画社から中日新聞の出資会社で首都圏の生活情報紙（フリーペーパー）を発行している東京新聞ショッパー社の営業マンに転職した。

名刺を差し出すたび、「あの山崎さんですか？　空手を教えてください」と言われることが多くなってきた。弟子入り希望者も殺到している。だが、空手で金儲けするつもりはない。

ボランティアで指導することを決めた。

１９７７（昭和52）年４月。師・大山倍達の許可を得て、埼玉県大宮市（現・さいたま市）に空手道場「風林火山」を設立した。

意外なオファーが舞い込んできた。

1980（昭和55）年2月27日に行われた異種格闘技戦、新日本プロレスのアントニオ猪木対ウィリー・ウィリアムス（極真会館）戦の直後、デイリースポーツの報道部長、近藤敬から声を掛けられた。

「プロレスや格闘技を書くことに興味はないかね？」

「書くことにはあまり興味はないですけど、プロの格闘家がどんな体作りをしているか、どれくらい体力があるのか。いろいろと聞いてみたいですね」

「じゃあ、うちで格闘技レポーターをやらないか？」

「うーん…。分かりました。よろしくお願いします」

報道される側から、する側へ。東京新聞ショッパー社の営業マンを続けながら、デイリースポーツで格闘技レポーターを兼務することになった。当初は男子プロレスを担当し、取材の幅を広げ、全日本女子プロレス（全女）にも足を運ぶようになっていった。

長与&飛鳥の特別コーチ就任

1983（昭和58）年の初夏。

全女は一世を風靡《ふうび》したジャッキー佐藤&マキ上田の「ビューティ・ペア」が解散してから4年が過ぎていた。ジャガー横田、デビル雅美がトップに君臨。だが、ブームを巻き起こすには至らず、冬の時代を迎えていた。

全女のマネジャー、松永国松の頭の中にはある計画があった。

時代は必ず本格路線のプロレスを求めてくる。デビュー3年目の長与千種とライオネス飛鳥（本名・北村智子）を抜擢して、ペアを組ませる。話題づくりを兼ねて、外部で名前のある指導者にスターへと育ててもらう。しかも、絵作りではなく、真剣に練習を課してくれる人がいい。

さて誰がいいのか。全女のコミッショナーの植田信治に相談すると、植田はすぐにある男の名を挙げた。

「極真王者の山崎君が適任じゃないかな。ずっと接してきて、信用できる男だよ。あまり他人に教えるタイプではないんだよな。他の人が言っても難しいかもしれないが、俺が言えば、大丈夫。なんとかなるんじゃないかな」

植田はスポーツ新聞の記者の頃、山崎を取材したことがあった。一つ心配があるとすれば、山崎の頑なな性格。表に出ることを好まないことを知っていた。

全女のオーナー、松永家は柔道一家で空手には疎く、山崎の実績を知らなかった。山崎へのコーチ依頼、どれくらいの頻度で指導するかなど、すべて植田に任された。

植田はすぐに山崎と連絡をとり、ことの成り行きを説明した。

「飛鳥と千種を組ませて空手で売り出したい。コーチをやってくれないか？」

「うーん…。まじめに教えられるならいいですよ」

空手とは畑違いのプロレス。少し迷ったが、前向きに答えた。

「おお、本当か。ありがとう。身内の者だとどうしても甘くなってしまう。本気で厳しく教えてほしい。しごいてほしいんだ。指導料はいくらほしい？」

そう問われた瞬間、高校3年の暮れ、極真会館の月謝を数カ月滞納し、大山倍達から「きみはすごく空手が好きなんだろう。月謝なんて、お金があるときに払えばいいんだ」と言われたことを思い出す。

山崎には空手で商売しない、金儲けをしないという持論がある。

「お金はいりません。でも教えて納得いかなかったり、選手が付いてこられなかったりしたら辞めさせてもらいます」

金銭をもらわない代わりに好きにやらせてもらう。決して譲ることのできないポリシーだった。山崎の回答を聞き、植田は驚きの表情を浮かべ、再び確認した。

「本当にお金はいいのか？」

「金はいりません」

「分かった。ぜひお願いしたい」

「でも、選手のやる気次第では本当に辞めますよ」

「それでいいからお願いしたい」

「少し（大山）館長に相談させてください」

すぐに東京・池袋の極真会館本部道場へ行き、師である大山を訪ねた。

極真会館に稽古で通わなくなってから10年近く。それでも何かあれば仁義を通す。全女は「極真の第1回全日本チャンピオン」という看板を欲し、「極真王者から空手を伝授された長与&飛鳥」という構図を必要としていた。

山崎は師に事情を説明した。

「館長、女子プロレスのコーチの話が私にありまして、極真の第1回全日本王者として教えてほしい、と。極真の名前を使用することになると思います」

大山の返事は滑らかだった。

「きみが『いい』って言うならいいんじゃないかね。プロレスラーは人間関係でいろいろあるんだ。もめ事もあって大変だぞ」。若かりし頃、米国でプロレスの経験がある大山はそれだけ言うと、山崎の申し出をあっさり許可した。

この瞬間、のちに「クラッシュ・ギャルズ」と呼ばれる長与&飛鳥の特別コーチ・山崎照朝が誕生した。

真剣勝負「ピストル」

空手とプロレス。

格闘技という同じ枠でくることのできない決定的な違いがある。

空手は一撃必殺。強烈な一発で対戦相手を仕留めにいく。しかも、山崎が入門した頃の極真は急所や顔面を狙い、相手の嫌がるところを徹底的に攻めた。

一方のプロレスは相手の技を受け、魅せる。目指すのは勝利ではなく、相手の力をできるだけ引き出し、観客を沸かせ、満足させることである。体力、持久力が求められる。

山崎は空手、キックボクシングと真剣勝負の道を歩んできた。魅せる特異なジャンルへ足を踏み入れることに躊躇はなかったのだろうか。

レフェリー兼コーチとして山崎とともに指導した、ボブ矢沢（本名・松永太）はこう分析する。ボブ矢沢は全女の副会長、松永健司の長男だ。

「プロレスは山崎先生の本来の考え方とは違う。魅せる方が主で、八百長の匂いがぷんぷんする演出の世界。本来ならあまり関わりたくないところ。でも、（山崎）先生が携わる前から全女には実戦的なスタイルがあったんです」

従来のプロレスの枠にとどまらない「ピストル」と呼ばれる真剣勝負が存在した。

全女の創業家、松永4兄弟（健司、高司、国松、俊国）には信念があった。

「格闘技を知らなければパフォーマンスはできない。本物じゃないと、お客さんを納得させられない」

若手は必ず筋書きのない試合でふるいにかけられる。本物の実力がないとのし上がっていくことができない。タイトルマッチを「ピストル」で闘うこともあった。

ボブ矢沢は続ける。

「その全女の信念があったから、先生も『それなら』と教えることを、オッケーしてくれたと思う。先生に限らず、格闘技系の方がウチの試合を見ると『全女さんは本物だもんね』と言ってくれたんです」

山崎は多くを語らない。ただ、独特の言い回しで表現する。

「試合に負けたら本当の涙を流す。若手3年目くらいまでは本当の涙。それだったら教えてあげないといけないと思ったんだ」

演出ではない。真剣勝負で負けたからこそ流れる悔し涙がある。山崎はそれを「本当の涙」と言う。どのプロレス団体でも指導したわけではない。全女だからこそ歩んできた道から外れることなくコーチとして教えることができたのである。

この頃、男子プロレスでは、空手の打撃技が一つの流行になっていた。タイガーマスクが多彩なキックを放ち、ライバルの小林邦昭も空手技を駆使した。前田日明はニールキックなどを武器に将来のエース候補として期待されていた。沖縄空手出身の長与も突きや蹴りのファイトスタイルを模索しているときだった。

全女の広報を務めていたロッシー小川（本名・小川宏）は幹部から山崎がコーチ就任を受諾したと聞き、長与&飛鳥の売り出し成功を確信した。

「長与の（空手の）まね事が、山崎さんに教わることによって、まね事ではなくなる。空手をプロレスに生かせる。宣伝方法としても、極真の第1回全日本王者という本物に教わっているという箔《はく》が付きますから。山崎さんがキックボクシングのリングに上がっていたのも私は知っていましたからね」

礎になった伊豆・稲取合宿

1983（昭和58）年8月13日から3日間、伊豆の稲取温泉。

山崎は初めて全女の合宿に参加した。ここで長与&飛鳥ペアが本格的に始動する。練習メニューは体力づくり、基礎トレーニング、空手の基本稽古だった。すべて山崎自らが実践してきた練習、極真の稽古が軸になっている。夜には長与と飛鳥を記者が宿泊する大部屋に呼び、3人で空手の特訓をした。

ロッシー小川は山崎が明確な線引きをしているのが分かった。

「プロレスに対して意見を言うことはなかったです。技を細かく指導をすることもない。（女子）プロの領域がある。そこは口を出さないし、絶対に侵さない。基礎体力はプロレスも空手も関係ないですから。まずは山崎さんが自分でやってみせる。それは説得力がありますよ。口だけじゃないから。あの合宿で長与、飛鳥と先生の連帯感ができて、その後のクラッシュの礎になりました。稲取の合宿がなければ、彼女たちの試合は形成されていないと思う」

一方で、山崎が真剣かつ柔軟

山崎（右端）との初めての合宿で、指導を受ける長与千種とライオネス飛鳥。師から教わったことは今でも２人の胸に刻まれている（１９８３年８月、伊豆・稲取温泉）

に魅せることを考えているのも伝わってきたという。

「山崎さんは試合の中でどうやって空手をプロレス技として使っていけるのかをすごく考えていた。真剣勝負の道を歩んできた人が『この技は見栄えがいいよ』とか『この技が映えるんだけどなあ』と言ってくる。そのためには基礎が必要だ、と。意外に柔軟な人だなと思いましたね」

朝、昼、晩3時間ずつ、1日計9時間の練習。休憩時間は1時間しかない。選手は部屋に戻り、バタンと倒れて一呼吸置くと、すぐに次の稽古が始まる。山崎は試合後に「本当の涙」を流させないため、練習で泣かせた。

ボブ矢沢は、オーナーの松永兄弟が合宿を見ながら、話していたのを覚えている。

「これまで親父（松永健司）とか、先輩選手がやっていた練習と違って、かなり追い込んだ方法でして。『これはすごい。ここまでやり切ることはできない』と驚いていました。（長与と飛鳥の）2人は『今までやってきた練習と違う』とブーブー言っていましたね。それでも親父たちは『スターになりたいなら文句言わずにやれ』と怒鳴っていました。あまりにしっかりやっていただいたので、クラッシュ・ギャルズに限らず、うちの選手全般を見てもらった方がいいのではと。毎日は無理だけど、定期的に見てもらおうと話していましたね」

長与と飛鳥は必死に食らい付いていった。「クラッシュ・ギャルズ」は山崎が指導する空手を武器に、一気にスターの階段を駆け上っていく。

合宿から12日後の8月27日、東京・後楽園ホール。

飛鳥と長与は「クラッシュ・ギャルズ」を名乗り、正式にペアを組んだ。山崎は試合直前まで付きっきりでリング上で指導した。コスチュームとなる道着の胸元には山崎の当時の道場名「風林火山」が刻まれている。柔軟性や芸術性を売りにする女子プロレスにとって、革命的な試合スタイル。ロープに振っての正拳突き、ダブルの回し蹴りなど空手を前面に押し出した。ボブ矢沢はプロレスと空手を融合させたスタイルに驚いた。

「山崎先生は元々キックボクシングをやっていた。自分もリングに上がって、脚光を浴びた経験があるので、そこは空手だけをやってきたアマチュアとは違うところですよね。かなりそういう経験的なアドバイスはあったのかなと。助けられた部分は大きかったと思う。親父（松永健司）も『もう先生に任せればいい』と言っていましたから」

18歳の長与と20歳の飛鳥が山崎色に染まっていった。当時、全女の広報を務めていたロッシー小川は、クラッシュ・ギャルズがブレイクした要因をこう分析する。

「『女子プロレスを破壊する』というクラッシュ・ギャルズのイメージと空手がうまくマッチした。しかも、極真王者の山崎照朝が教えた空手という売り物が大きかったと思う。千種はバックボーンがあったし、飛鳥は初めてだけど、一生懸命やっていましたからね」

カレーライス毒殺計画

1984（昭和59）年3月。伊豆七島の新島は10年ぶりの異常気象に見舞われていた。春だというのに小雪が舞っている。

山崎が指導してから7カ月。長与&飛鳥の「クラッシュ・ギャルズ」と若手4人の計6選手は若気の至りなのか、恐るべき計画を企てていた。首謀者はプロレス用語でいう「トンパチ」（無鉄砲）の長与だった。

「カレーライスに毒を入れて殺しちゃおうか。それともおなかを下すようなものを摘んできて、具合悪くさせちゃおうか。そうすれば練習が休みになるんだから」

プロレスと空手の融合を目指し、長与千種（左）とライオネス飛鳥（中央）を熱心に指導する山崎

他の選手も頷く。こんなに厳しい練習を課すなんて人間じゃない。怒りを通り越して、殺意を覚えていた。飛鳥だって同じ気持ちだった。

「あの時はみんな本気で殺そうと思っていましたよ。だって、こっちは死ぬ気で練習しているのに終わらない。終わらないと気が緩むから、また先生に怒られる。そこでチクショーと思って練習をやる。もうすごく辛い。毎日お風呂で話していましたから。『明日こそ（山崎）先生のことを殺そう』って。もちろん誰も実行には移さなかったですけどね」

まだ夜の明けない4時半起床。

すぐにマラソンが始まり、朝、昼、晩3時間ずつの厳しい練習は続いた。砂浜でのランニング、腹筋、背筋、腕立て伏せの基礎トレーニングはもちろん、極真恒例の馬跳びで汗を流す。6・5キロある浜辺を端から端まで、6人が順番に馬になっては跳んでいく。

その後、腰まで海につかり、蹴りを出し続ける。クラッシュには深夜の空手特訓のおまけ付き。ミットを持つ山崎に何度も蹴りを放った。

山崎の脳裏にはコーチを依頼されたとき、「身内の者（が指導者）だと甘くなってしまう」という全女幹部の言葉が焼きついていた。

「俺はあいつらを女だと思ったことはない。俺は極真のやり方しか教えられない。きつかったと思う。文句を言っても、あの2人（長与、飛鳥）はちゃんと付いてきた。だから最後まで面倒を見たんだ」

ジャンボ堀（本名・堀あゆみ）は、クラッシュより上の世代だったため、山崎から直接指導を受けることはなかった。だが、見ているだけで、厳しい稽古だとすぐに分かった。

「（山崎）先生の指導はまだ強制ではなく自由参加だった。横目で見て、当たり前のように逃げていましたよ。みんな泣きながらやっていたし、『きつい』なんて言葉だけで済むものではなかったと思う」

クラッシュ・ブーム

クラッシュ結成から1年足らず。1984（昭和59）年7月、フジテレビは5年ぶりに女子プロレス中継をゴールデンタイムに復帰させた。関東では毎週月曜日午後7時から30分番組で放送され、視聴率は20％を超え、看板番組にのし上がる。会場には親衛隊が押し寄せ、超満員になっていった。

人気はプロレスの枠にとどまらなかった。同年8月に発売したクラッシュのデビューシングル曲『炎の聖書《バイブル》』は10万枚を突破。TBS系のドラマ『毎度おさわがせします』にもレギュラー出演した。ファンクラブの会員は1万人を超えた。気が付けば、熱狂的なクラッシュ・ブームになっていた。そんな多忙の中、時に全女の目黒道場で、時に山崎が主宰する大宮の「風林火山」道場で、山崎との練習は続いていた。

会場のグッズ販売で一番売れたのは「風林火山」と筆文字で刻まれたTシャツだった。そこにクラッシュの絵柄や文字はない。それを中高生の女の子たちがオシャレに着こなしている。全女幹部でさえ驚く異常現象だった。

ボブ矢沢は当時を思い出し、半ば笑いながら話す。

「ばか売れしましたね。それは凄かったです。Tシャツにクラッシュ・ギャルズなんてひと言も入っていない。風林火山の筆文字と（山崎）先生の刻印、はんこがぽんと入っているだけ。またこの2人が入場のコスチュームで着るんですよ。それでもう中高生の女の子がみんな喜んで買っていく。ちょっと異様な光景なんですけど」

ブームが加熱し、全女は少しずつ潤ってきたが、山崎は当初の約束通り、指導料を

当時、全女グッズで一番売れた「風林火山」のTシャツ

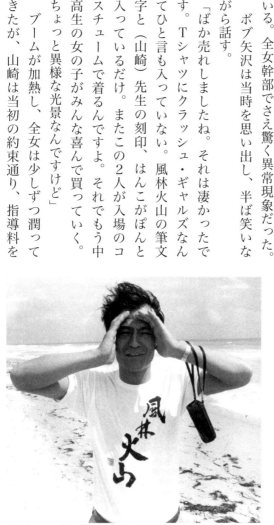

一切もらわなかった。全女は取材に訪れた記者に「謝礼」を渡すこともあった。山崎はそれさえも受け取らなかった。

「当時は記者のみんなもお金をもらっていたな。全女のフロントは1年間、俺のことを観察していたみたいだけど、俺は一切そういうことはなかった。（松永）4兄弟がそろってやって来て、『先生、これからもお願いします』と頭を下げたんだ。それくらい俺は信用されていたと思う」

山崎の頑な態度。偏屈さ…。ボブ矢沢は、戸惑いながらも、山崎に深く感謝するフロントをそばで見ていた。

「うちの親父（松永健司）たちは山崎先生が報酬を受け取らなくて困っていました。わざわざ合宿に来ていただいて、練習に何時間も費やして。先生は本当に堅物というか…。報酬のこともそうですし、何をやるにしても徹底している。だからこそ、信頼できる、と」

続けて、選手たちとの独特な関係についても微笑みながら語った。

「空手界では『先生、先生』と崇められている。だけど、うちに来たら、選手は練習中に『なんだ、このクソじじい』とか平気で言うんです。うちの子たちは泣いたりわめいたりしても、悔しいから練習はやり遂げる。周りはそれを見てゲラゲラ笑うような…。本当の弟子なら絶対にあり得ない。そういう雰囲気が逆に良かったんですかね。それで練習から一歩離れたら、先生のことを『あの人、すごいよね』と素直に話していましたから。そういうところに先生もやりがいを感じていたのかもしれないですね」

山崎と全女のフロント、山崎と選手たち。それぞれに信頼関係が築かれていた。

全女の特別コーチに

あれから35年経ってもライオネス飛鳥はあの声が耳から離れない。

1985（昭和60）年8月22日、東京・日本武道館でジャガー横田が持つWWWAのベルトに挑戦したときだった。

「（山崎）先生に教わった二段蹴りをやったら、ジャガーさんのあごに思いっきりヒットしちゃったんです。後でジャガーさんに

タイトルマッチ後の控え室で長与千種（左）とライオネス飛鳥（右）の間でピースサインをする山崎

怒られるくらいなのに、テレビ解説をしていた先生が『うおっ、入った！』って大きな声で喜んでいたんです。空手の技が身についていることが嬉しかったんだと思う」

クラッシュ・ギャルズにとって、山崎照朝とはどんな存在だったのだろうか。

飛鳥はこう回想する。

「格闘技の世界は才能だけではトップに立てない。1％の才能と99％の努力。そのことを身をもって教えてくれた。それに『極真の竜』と呼ばれた山崎先生が自分たちの実力とブランド力を上げてくれた。クラッシュの師だと思います」

小学4年から沖縄空手を学んできた長与は、山崎との出会いに感謝する。それまでリング上で空手の技を出すことに躊躇があったという。

「私の誇りは空手だけ。でも空手を使ったらプロレスでは反則になる。拳も駄目、つま先も駄目…。苦しんでいる時に（山崎）先生が救世主のように現れた。空手を前面に出すことを後押ししてくれたんです」

事実、クラッシュは飛鳥よりも「長与色」の方が強かった。

長与が続けて言う。

「私にとって山崎照朝は必然でした。でも、飛鳥、私、先生。このトライアングルがよかったんです。3人が集まってピラミッドパワーみたいな巨大な力を生みだした。一人でも欠けていたら駄目だったと思う。この三角関係がクラッシュ・ギャルズをつくったんです」

ブームが一段落し、クラッシュは他の格闘技のエッセンスを加えようと模索し始める。長与はシュートボクシング、飛鳥は骨法。二人は空手を、山崎を卒業していった。

山崎も指導対象をクラッシュ・ギャルズから全レスラーに広げ、全女の特別コーチに就任した。今度は女子プロレスの試合に革命を起こすのである。

ブル中野にヌンチャク伝授

全女における山崎の功績は一般的に「クラッシュ・ギャルズのコーチ」となるだろう。だが、そのほかにも大きな変革を起こしている。

新人オーディションでは「第二のクラッシュ・ギャルズ」を目指し、これまでわずかしかいなかった空手経験者が激増。1986（昭和61）年には受験者400人のうち60人以上が空手を特技として自己PRした。その中にはアジャ・コングこと宍戸江利花がいた。

審査員を務めていた山崎はこう振り返る。

「アジャは自己アピールで空手の演武を披露してな。すごくしっかりしていた。その他で印象に残っているのが豊田真奈美。一度はフロントが不合格にしたんだ。おそらくイメージが暗かったんだな。だけど、俺が推薦して合格にしてもらった。整った顔で綺麗だし、体を動かすとバランスが良かった。不合格にするのは惜しいと思ったんだ」

豊田は1987年にデビュー。柔軟な体と高い身体能力、華やかさと激しさを兼ね備え、1990年代を代表する女子レスラーに上り詰めたのである。

山崎から多大な影響を受けたのが、のちに「女帝」と呼ばれるブル中野（本名・青木恵子）だった。世代はクラッシュの3年下だが、スター候補生として、すべての合宿に同行していた。

「自分が入門したとき、クラッシュさんはまだ前座。（山崎）先生とリングを独占してずっと練習していて、いつ終わるんだろうと。その間、自分たちは練習できないから、『ラッキー』と最初は嬉しかった。それがだんだん不安になってきて…。クラッシュさんは先生に教わってから、あっという間にスターになっていった。本当に次の日から、というくらいの速さでメイン

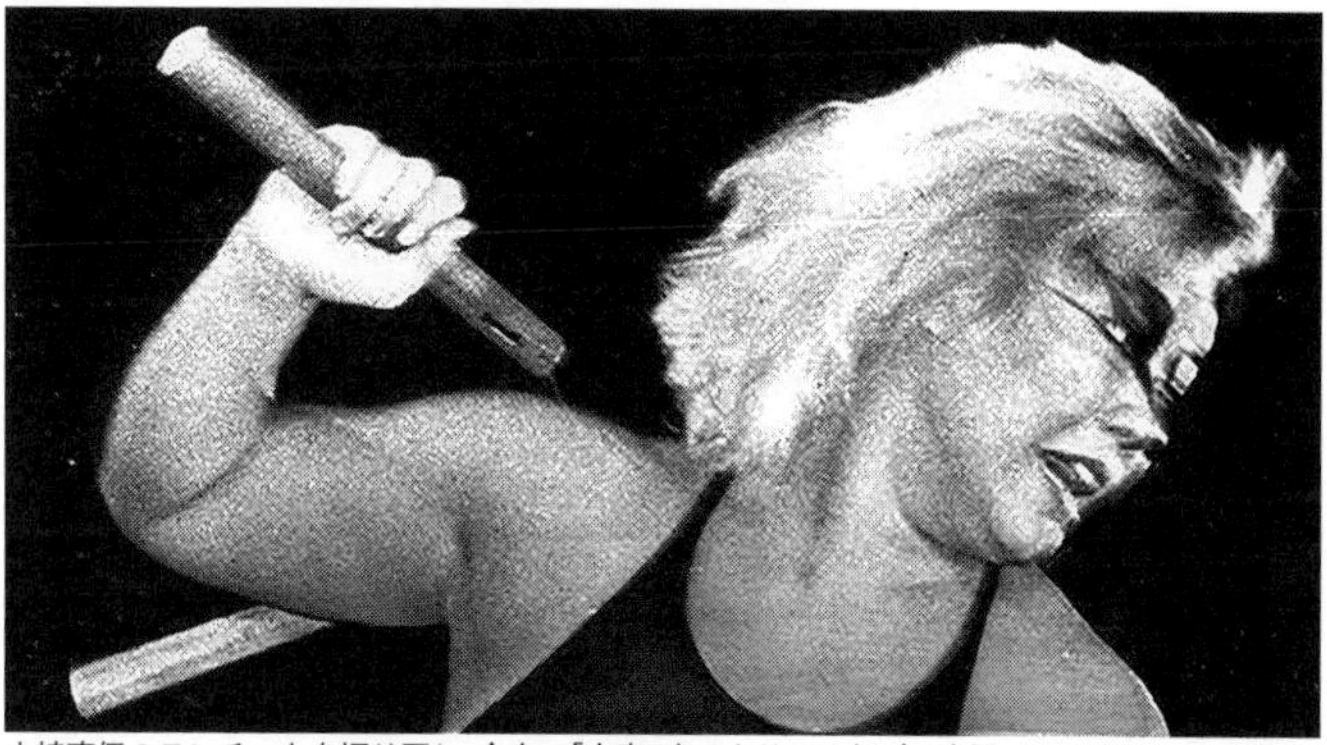

山崎直伝のヌンチャクを振り回し、全女の「女帝」まで上りつめたブル中野

イベンターになっていった。これは、先生とやらないと置いていかれる。誰もが先生から指導を受けてトップになりたいという思いがありました。同期にばれないように、休みの日に隠れて先生の道場に行ったりして。それはもう蹴落とし合いですから」

山崎に指導を仰げば一夜でスターになれる――。選手の間にはそんな感情が芽生えていた。もう一つ暗黙の了解があった。山崎から直接教えてもらえば「技」になる。「試合で使用していい」というものだ。ブル中野が解説する。

「みんな先生から（技を）もらいたいという思い。先生から『ニールキックやれ』『（後ろ蹴りの）ソバットやれ』『前回し蹴りをやれ』と言われたら、試合で出せる。教えてもらえなかったら、試合で技を使えない。どうにかして（技を）いただきたいという感じでした」

中野に伝授されたのが二段蹴り。それと「やってみれば」と手渡されたヌンチャクだった。これがのちのブル中野のトレードマークになる。

「先輩のクレーン・ユウさんと（自分に対して）『おまえら教えてやる』と言われたんです。全然できなかったんですけど、続けていくうちにクレーン・ユウさんは練習を止めたので、『やった。これは自分のものだ』とすごく嬉しかったですね。先生から『一日中ヌンチャクを放すなよ。自分の手と同じ感覚になるまで放しちゃ駄目だぞ』と言われたので、本当にずっと持っていました。そこまでやらないと自分のものにならないんだなとしみじみ思いました」

試合後、宿舎でヌンチャクの練習をしているとカチカチと音が響き渡る。先輩から「うるさい！」と怒鳴られた。それでも関係ない。ようやく山崎から授けられた「技」を自ら手放すわけにはいかなかった。

悪役のブル中野は日々の練習で、ヌンチャクを凶器ではなく、技にまで昇華させた。

「当時は竹刀とかドラム缶とか凶器が氾濫していたんですけど、私は誰でも使える凶器は嫌だった。だからヌンチャクを技として使おう、と。私の後に使う人が出てきたとしても、絶対に私の方がうまいだろうと。そういう思いで練習していた。思い通りに使えるようになったし、振り回せた。結果として、ブル中野にはヌンチャクが合っていたなと思いますね」

ヌンチャクを手に構える山崎

「もう少し!」が全女変えた

山崎の指導方法は独特だった。すべては極真流だ。練習中はいつもこんなやりとりがあったという。

「はい、スクワット1000回、いくぞ」。山崎の号令とともに回数を数え、こなしていく。終盤は息も絶え絶え、ようやくカウントダウンを迎える。

選手「5、4、3、2、1、終わった〜」

山崎「はい、あと100回!」

選手「ふざけんなよ! 終わりじゃないのかよ」

当然、選手たちは怒りの声をあげる。山崎は無視して叱咤《しった》する。選手は嫌な顔をしながらも、渋々続ける。

山崎「はい最後、頑張れ! 3、2、1」

選手「終わった…」

山崎「はい、あと10回。もう少し。もう少しだ!」

選手「このクソじじい。いいかげんにしろよ」。そう言いながらも選手たちは意地でやり遂げた。

この「あと何回」「もう少し」という山崎の追加指令は選手の間で大不評だった。

長与は思い出し、怒りをにじませた。

「あの頃『もう少し』って言葉が本当に大嫌いだった。『もう少し』ってどれくらいなの？って思っていましたよ」

飛鳥は苦笑いを浮かべて振り返る。

「死ぬ気でそこまで頑張ったのに終わらないんだもん…」

中野も頷いた。

「限界を超えるという言葉がぴったりの練習だった」

山崎は回数を設定して、到達したと同時に追加を課す。限界から生まれるものがある。これまでの空手の稽古を通じてそう確信していた。

「体力を絞りきるところまでいかないと、本当の力がつかない。限界までいって、そこからラスト10回とか、もう少しとか、最後にやけくそになるのが大事なんだよ。『何でだよ！』と言いながら、最後に気合を出してやる。それが試合では実となるんだ」

キックボクシングでは後半になればなるほど足が上がる選手がいる。ボクシングではラウンド終了間際の10秒を狙い、ラッシュをするボクサーがいる。山崎にとって、それこそが本物の強さを持つ選手なのである。

山崎の指導とともに、リング上で思わぬ効果が表れてきた。レフェリー兼コーチを務めていたボブ矢沢は山崎の指導後、目に見える変化を感じ取っていた。

「（山崎）先生の練習方法を続けていくと、リングに上がってからの選手の動きが全然違う。それまでなら、例えば試合を20分やって、最後に（攻防の）ヤマ場を持ってきて終わり。それが、最後にヤマ場が二つも三つも出てくる。限界からの体力と精神力がついたんだと思う。お客さんを飽きさせない試合内容になっていったんです」

プロレスは3カウント、もしくはギブアップのフィニッシュに向けて、徐々に盛り上げていき、最後にクライマックスを迎える。これまでなら体力が続かず、一度のヤマ場で試合は終了していた。それが山崎の指導により、20分、30分すぎても、カウント「2・9」のギリギリの攻防が続いていく。選手は限界から何度も何度も技を繰り出し、観客を飽きさせない。試合終盤になると、会場は沸きっぱなしになる。試合の完成度が高まっていったのだ。

山崎はプロレスを指導したわけではない。それでも基礎練習の積み重ねがリング上に反映された。

ボブ矢沢はこう断言する。

「当時でいうと、ブル（中野）とかの世代から試合スタイルがガラッと変わりました。北斗（晶）もそうです。先生から可愛がられていたし、根性漬けにされていましたから。

あそこまで追い込まないといい試合内容ができてこない。男性ファンの方でプロレスは好きだけど、アンチ女子プロレスの方が多かった。でも、その人たちも試合内容を認めてくれて、会場に足を運んでくれましたから。（山崎）先生がクラッシュ・ギャルズの後の全女ブームをつくったんだと思います」

山崎の指導は１９８３（昭和58）年の長与、飛鳥から始まり、１９９１（平成３）年デビューの前川久美子まで続いた。その間、ブル中野、コンドル斉藤、北斗晶、アジャ・コング、豊田真奈美、井上京子、井上貴子と次々にスター選手を生み出した。女子レスラーの個性や華に加え、試合内容で観客を惹きつける「全女ブーム」となっていく。その陰には「もう少し」の繰り返しがあったのだ。

中野には今だからこそ分かることがある。

「練習の方がきついので試合は楽に感じました。先生はどんな試合でも対応できるよう、ああいう練習をしてくれたんだと思う」

女子プロレスの試合を何度もヤマ場のある激闘に変えた。それこそが山崎が全女に残した最大の功績なのである。

他人の敷いたレールを歩かない

クラッシュ・ギャルズ

長与千種

私は空手をやっていたけど、極真ではなく沖縄少林なので流派が違いました。だから、お会いするまでは山崎先生のことは知りませんでした。最初は背のすらっとした、ニヤニヤしたおっさんだな、というくらいの印象です。下は空手着をはいているけど、上はいつもジャージ。この人、本物なのかなと思っていました。

その後、たまたま漫画『空手バカ一代』を読んだら、出ていたんです。「あれ、この人は！」と思って「先生、すごいですね」と言ったら「あんなもん、大したことない」ってぼそっと言ってました。先生は可愛い女の子に優しい。そんなところを含めて好きですね。

よく言われたのが「丸く受けて三角で攻めろ」。そればかりでした。要するに相手の技をスムーズに受けて、攻めるときは三角の鋭角のポイントでいけ、と。でも、一番は精神論というか、心を教えてもらったんです。本当だったら、先生は極真のナンバーワン。それなのに、俺は俺のやり方でいくと。そういう考えを私は受け継ぎました。私も（女子プロレスの）異端児だし、偏屈ですよ。先生は他人の敷いたレールを歩かないし、他人の言うことも聞かないし。私もそう。他のレスラーとの付き合いがほとんどない。だけど、私に文句を言う人は誰もいない。先生と同じですよ。

どの分野でも極めた人というのは孤独。だから、先生もすごく孤独だろうなと思います。1万パーセント偉そうに言わせてもらえれば私と似ている。だから反発し合うんです。「おまえは弟子に入れないよ」と言うと思うけど、私が弟子の中で先生に一番似ちゃった。

当時は先生の指導の下、フルコンタクトの全国大会に出場したら、絶対に勝てる、という自信がありました。体力はあったので、オリンピックの強化選手並みの練習量をこなし、あれだけやっていれば、何をやっても疲れない。試合をやっても全然疲れなかった。

先生は不器用ですよね。自分のことを出されるのは嫌いだし、話すのも嫌い。私も同じです。先生はいろんな選手をコーチしてきたと思いますが、私ほど歯向かった人はいないと思う。本当にやんちゃだった。けど、あの頃は面白かった。苦しかったけど、一番楽しかった時期です。

もし、先生がクラッシュのコーチに就いていなかったら、駄目だったでしょうね。まず山崎照朝がいる。それが重要だった。先生は面白くなかっただろうけど、私はそれにシュートボクシングの蹴りや自分流の技をプラスしていった。異端児ですからね。巣立っていっても、先生の教えは忘れないし、覚えています。だって、山崎照朝が私の原点ですから。

ながよ・ちぐさ　1964年生まれ。長崎県出身。1980年全日本女子プロレスでデビュー。プロレス団体「マーベラス」を運営し、飲食店、動物愛護の活動を行う。

「任された以上は」の責任感

クラッシュ・ギャルズ ライオネス飛鳥

プロレスに入門する前はソフトボールとバレーボールをやっていたので、先生のことは知らなかった。道場の高さ3メートルくらいのところに天井からボールを吊り下げて、それを簡単に二段蹴りで蹴っている姿を見て「このおっさん、すげーな」と思いましたね。

（長与）千種は空手経験者だし、クラッシュのカラーを空手と決めたのは会社だし、両方に負けたくなかった。先生がその気にさせてくれました。先生の教えは「それで終わりか？」と聞いて、こんちくしょうという気持ちにさせる。「なにくそ」とか「相手より多く蹴ってやる」とライバル心をくすぐる。とは言っても、練習は本当にきつかったですが…。

忘れられないのが（クラッシュ結成から7カ月後の）新島の合宿です。いつ終わるか分からない練習がすごく辛かった。合宿で大雨の日があって、「やった、休みだ」と思ったら、先生が一番広い部屋の荷物を片付けだして、練習を始めたんです。千種と私はもう股割りをさせられていましたけど、そこで立野《たての》（記代《のりよ》）が開脚させられて、股割りをしたと思ったら、さらに腕を引っ張られて、その上に男2人が乗ってきて。まあ、確かに股を割ると蹴りが全然違ってくるんですけどね。

合宿の最終日、最後の練習が終わって、民宿の庭で円陣を組んだとき、立野が「先生！」って抱きついて泣いたんです。達成感というんですかね。そうしたら、先生が「よしよし、おまえらよく頑張った」と褒めてくれたんです。それがすごく印象に残っています。

いろんな意味で当時は一生懸命でした。悩むことも受け入れることも。19、20の小娘たちがスターになるため、泣きながら練習をしていた。先生も厳しくするのはきつかったのではと今では思います。でも、「任された以上は」という責任感から教えてくれていた。

　新島のときは練習が厳しすぎて、みんなで「殺しちゃおうか」と言っていたけど、時間の経過とともに、それが感謝に変わってきました。やっぱりライオネス飛鳥、クラッシュ・ギャルズを形成するためには必要不可欠な方でした。まだ人気が出始めたばかりで、実力も5、6番手の二人が会社を背負ってタッグを組んだ。何を身につけたらいいのか、二人だけでは考えられませんでしたから。

　練習を離れても、先生はベースを崩さない。冗談も言わない。でも、練習以外は優しく感じました。あの笑顔ですかね。またかっこいいんですよ。大舞台のときに何気なく控え室に来て「大丈夫か？」と声を掛けてくれるんです。先生からは優しさがないと本当の強さは手に入らないということを教えてもらいましたね。


らいおねす・あすか（本名・北村智子）　1963年生まれ。埼玉県出身。1980年全日本女子プロレスでデビュー。引退後はタレントとして活躍。

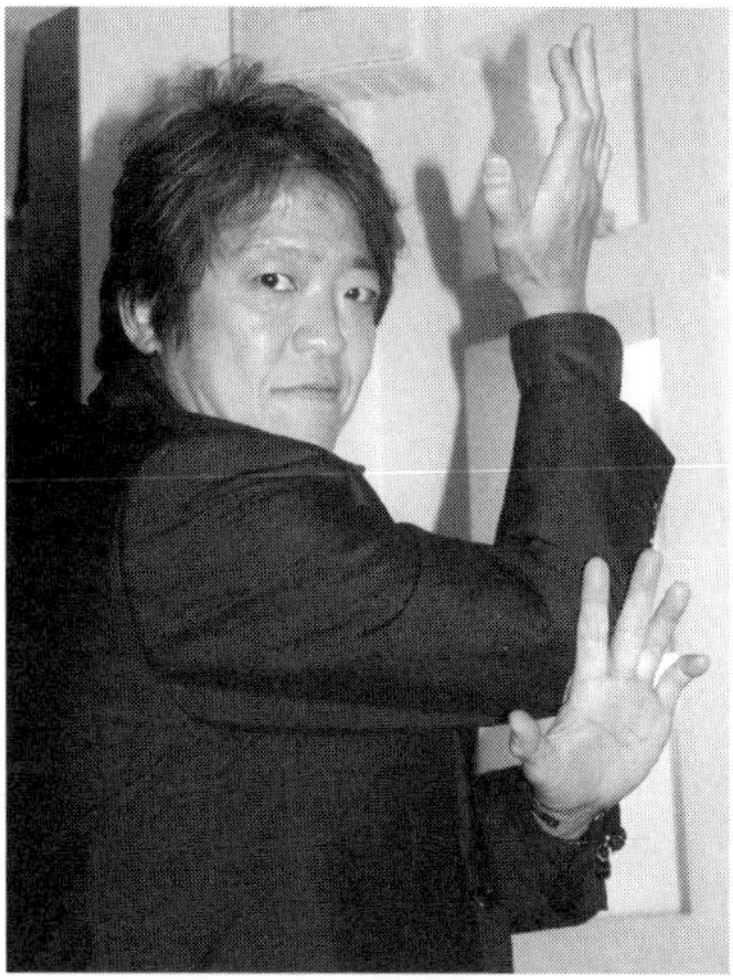

第7章／空手道おとこ道

「刃牙の回し蹴り」の原型

1974（昭和49）年10月30日。

ザイール共和国（コンゴ民主共和国）の首都キンシャサで、ボクシングのヘビー級タイトルマッチが行われた。挑戦者モハメド・アリ（米国）が、無敗王者のジョージ・フォアマン（米国）から劇的なKO勝利を収め、世界中が沸いた。

「キンシャサの奇跡」をテレビ中継で目撃し、興奮した北海道釧路市に住む一人の高校生は、数日後、一枚の写真に釘付けになった。

極真空手の機関誌『現代カラテマガジン』に掲載されていた上段回し蹴り。山崎照朝の左足は対戦相手の頭部へ一直線で伸び、軸足のつま先は反対方向を向いていた。その姿は華麗で気高く、相手の頭を刈り取るような迫力もある。

「ああ、しなやかだなあ。だけど、力強さが伝わってくる。他の選手とはモノが違う、次元が違うな」

少林寺拳法に明け暮れ、絵を描くのが好きだった高校生はすぐに机に向かった。

写真をじっくり見ながら模写をする。

だが、なかなか思うように描けない。山崎の蹴りから湧き出る力感をうまく描写できなかった。絵からは威力が伝わってこない。上段回し蹴りは空手の大技だ。華のある技をなんとしても描けるようになりたかった。

「なんで、この写真のような力強さがでないんだろう…」

写真を見ては模写をする。書き終わったら、山崎の蹴りと見比べる。来る日も来る日も、その繰り返し。すると、一つのことに気が付いた。

「あっ、腰なんだ！」

腰が回ってから蹴り足が鞭《むち》のようについてくるのが分かった。

「腰の備えなんだよな。あれで回し蹴りの力学というものを知った。それで俺は一つ抜けられたんだよ。山崎照朝がいなければ、刃牙《バキ》のあの回し蹴りは生まれなかった」

当時を振り返り、累計7500万部を超える漫画『刃牙』シリーズ、『餓狼伝《がろうでん》』などを描く漫画家の板垣恵介はそうはっきりと言った。

板垣の画力は圧倒的だ。過剰なまでの肉体描写が現実にはあり得ないキャラクター、ストーリーにリアリティーを与え、プロの格闘家からも一目置かれている。

空手家でキックボクシング、総合格闘技に挑んだ野地《のじ》竜太からは「あの回し蹴りが他とは全然違う。迫力があるし、大好きなんです」と言われたという。

総合格闘家の堀口恭司と対談した際には「絵の迫力ですよね。例えば蹴りの絵でもちゃんと腰が入っていて、フォームが綺麗なんですよ。だからこの蹴りだったら効くだろうなというのが絵から伝わってくる」（『週刊少年チャンピオン』2015年9月17日発売号）と告げられた。また総合格闘家のジョシュ・バーネット（米国）は板垣のデビュー作『メイキャッパー』からずっと愛読しているという。

東京都内にある板垣の仕事場。

執筆机に座り、水色の鉛筆を手にとり、イラストをさっと仕上げた。

「回し蹴りというと、それまではこういうもんだったわけよ。これで頭部を蹴ったら回し蹴りということになるわけだ。これでも別にそんなに問題はないんだよ」

そして、もう一枚、紙を取り出すと、高校のとき、何度も何度も模写した、あの回し蹴りを再現していった。

「照朝さんのはね、こういう構造になっているんだ」

説明しながら、すらすらと流れるように鉛筆が動いていく。もう体に染みついている。

「腰がこっち（後ろ）に向いていて、そうするとケツの位置が変わるわけよ。威力が全然違って見えるでしょ。胸の位置も正面にくる。全然力強さが変わるよね。そこが俺は他の作家とは違うのよ。ここ（腰）の意識よ。さらに照朝さんのは軸足のつま先がこっち（反対方向）に向いていて、床から少し浮く。サンドバッグではなく、人を蹴るときに

板垣恵介直筆のイラスト。上は、一般的な上段回し蹴り。下は、板垣が高校時代に山崎の写真を見て、何度も模写したイラスト。腰から動き出し、足が力強くしなり、躍動感がある。イラスト内の右下は軸足の解説。つま先が反対側を向き、床から少し浮いている

それが生まれる。ほら、蹴った瞬間に首をグッとひねって（相手と反対を）向くんだ。それがまた力強い絵になる。思い切り蹴ったなというシーンになるのよ」

絵全体から伝わってくる迫力、躍動感、蹴りの威力。イラストを見比べれば一目瞭然だった。

「当時、上段の回し蹴りというのは花形だったから。その華のある絵を描きたかったんだよ。それはもう、照朝さんの写真を見る前と後では、はっきりとビフォー、アフターで言えるくらい（違う）。そのくらい絵になっていったんだよ。俺の絵

板垣恵介が「刃牙」のモデルにした山崎の回し蹴り

からは威力を感じるでしょ。それは照朝さんが影響していますよ。間違いなく」

山崎は板垣の話を伝え聞き、驚きの表情で言った。

「いや、腰に気づくのが凄いよな。俺は本当に腰が中心なんだよ。蹴りでも突きでも必ず腰から入る。だから、土台の下半身がしっかりして、威力を増すんだ。それが一番意識していること。意識しないとできないし、そのことに普通の人は気づかないよ」

腰への意識。それは山崎が最も大切にしていることだった。

黒帯を取得した後、見えない壁にぶつかった。

「もう1ランク上に行きたい。でも、行けない。そういう時期があったんだ。技に破壊力がないし、バランスも崩す。稽古を重ねていくうちに、腰だなと初めて気づいた。俗に言う『切れ』とは俺は腰のことだと思っている。腰を切って、腰を先に動き出して、回転させて、後から足や手がついてくる。そうすると威力、破壊力が全然違う。腰が入っているか、入っていないか。試し割りをやったらすぐ分かる。俺でも、そのことに気づいたのは黒帯を取った後だよ」

左の回し蹴りを放つときには、まず腰から入り、握った左手を思い切り下に引くように振る。すると綺麗に体が起き上がり、左手の振りの反動で自然と顔は反対側を向くという。

「俺は蹴るときに、意識して軸足を何ミリかちょっとだけ浮かすんだ。蹴り足に全体重を乗せるように、空中を跳ぶように蹴るんだよ。それはバランスが良くないと蹴られない。腰が（先に）来ないと、空中でのバランスが悪くなる。やっぱり腰なんだよな」

山崎が解説する自身の上段回し蹴り。

板垣が分析する山崎の上段回し蹴り。

まったく同じことを話していた。

北海道・釧路で生まれ育った板垣は小さい頃からジェット機、軍艦、海賊など強そうなものに憧れ、毎日のようにお絵かき帳にイラストを描いていた。頭の中で強い人同士を闘わせ、「どっちが勝つんだろう」と空想する。そんな少年時代だった。強さを追求していった末に、格闘技と出会う。

高校入学時に少林寺拳法を始め、3年間深くのめり込んだ。その後、自衛隊に入隊し、最強部隊と呼ばれる第一空挺団（落下傘部隊）に入った。アマチュア・ボクシングでは国体に出場経験があり、モスクワ五輪代表から勝利を収めたこともある。強さに対して好奇心旺盛の実戦派。レスリングの世界チャンピオンで1984年ロサンゼルス五輪銀メダリストの江藤正基《まさき》と組み合ったこともある。

24歳で自衛隊を辞め、漫画の世界へ。『週刊少年チャンピオン』（秋田書店）で1991（平成3）年から連載した格闘漫画『グラップラー刃牙《バキ》』が大ヒット。刃牙シリーズは『バキ』『範馬《はんま》刃牙』『刃牙道』『バキ道』とタイトルを変えながら、30年近く続いている。『餓狼伝』（夢枕獏原作）は長期にわたり、連載された。常に「誰が世界で一番強いのか」を考え、自らの経験も生かし、闘いと強い男を描いてきた。

プロレスラーのアントニオ猪木、キックボクサーの藤原敏男らに興味を持ち、『週刊少年マガジン』で連載が始まった『空手バカ一代』で大山倍達を知った。世界最強の男を探し、格闘技専門誌の『月刊ゴング』を読みあさり、大山に一気に傾倒していく。高校卒業後には釧路から電車で40分揺られ、誰も使用していない営林署の小屋を見つけ、1カ月にわたり山籠もりをした。

「もうね、大山倍達病ですよ。そんな人がいるのかと。自分でも山籠もりをしてね。それで弟子である山崎照朝さんを知ることになるのよ」

山崎の映像を初めて見たのは1973（昭和48）年の第5回全日本選手権大会だった。決勝で盧山《ろうやま》初雄と相まみえた、山崎にとって最後の試合。板垣の脳裏に今なお焼きついている名勝負だ。

「あの大会、あの試合は素晴らしかったよね。当時の盧山さんは気合が違っていた。まだローキックというものが完成する前の時代だった。太気拳と拳道会で鍛えてきて、低い構えでね。自分だけのオリジナルを持っていた時代でしょ。あれは当時の極真会のトップ選手たちは面食らったと思うよ」

一方で、敗れた山崎にも目を奪われた。

「あの回し蹴りという一手において、山崎照朝というのは違っていた。うん、もうしなやかさが全然違っていた。見ていて、本当にカタルシスがあった。違うんだよ、あの人は。判定で負けているけど、苦戦しないというか、最後まで底を見せないというか。倒れるまでやったらどっちなんだろう、というね」

板垣は漫画のキャラクターに実在の人物を投影させることが多い。

範馬刃牙は格闘家の平直行《たいらなおゆき》、愚地独歩《おろちどっぽ》は大山倍達と中村日出夫、渋川剛気は合気道の達人、塩田剛三《しおだごうぞう》。山崎に関して言えば、モデルにしたことはない。

言い換えれば、「特別」なのかもしれない。

「照朝さんはもっぱら回し蹴りだな。回し蹴りのシーンがあると照朝さんのことを思い出しながら描くんだ。俺は回し蹴りを描きたいんだよ。大好きなんだよ。描いていて気持ちがいいし、ああここで、回し蹴りのチャンスだな、と思ったら、俺は出すもん。この流れでいったら、出せるなというときは必ず描くんだから」

板垣は「刃牙を29年描いてきて、例えば…」と深く印象に残っている例を挙げた。

範馬刃牙、最初の闘いだ。神心会の末堂厚《すえどうあつし》にここその場面で繰り出し、最後に倒したのもやはり回し蹴りだった。

「もうあのときは（他の漫画家との）違いを見せてやろうと思ってな。意識したよ。『おまえら、これが描けるか』という気持ちでさ。ちゃんと倒せる回し蹴り。俺はそれを描いたんだよ」

板垣の漫画家としての矜持。刃牙の回し蹴りと山崎の姿が重なり合う。

他の漫画家で誰がこのように美しく、力強く、威力のある回し蹴りを描けようか――。

「ムエタイとか、キックボクシングとか回し蹴りの写真というのはずいぶん見てきたから。実際の映像でも見てきたし、自分でも蹴飛ばしてきた。回し蹴りという動きは何を要求されているか、他の作家さんよりも汗を流しているし、理解できていると思う。もう描けるようになってからは、必ずあの照朝さんの描き方になっているんだよ」

梶原一騎が山崎を力石徹のモデルにした『あしたのジョー』。

板垣が山崎の回し蹴りを投影した『刃牙』。

昭和を代表するボクシング漫画と、平成を駆け抜け、令和をも突き進む格闘技漫画が山崎を通じて結びついた。

板垣は回し蹴りだけでなく、山崎と他の選手の違いをはっきりと感じていた。

「『現代カラテマガジン』や映像を見るでしょ。もうね、こんな格好いい奴がいるんだなと。構えがね。もう、一人だけ構えが違って、格好良くて…。山崎照朝に比べると、他の選手は道着を着たキックボクサーに見えたんだよ。照朝さんからは、それくらいの武術性、ロマンを感じられた。やっぱり武術じゃないと駄目だなと。照朝さんは自分の本(『無心の心』)でも『かっこつけていた』と書いていたけど、本当に格好いいなと思っていたよ」

だから、山崎が力石徹のモデルと知ったとき、合点がいったという。

「そうなんだよね。確かに似ている。色気があるんだよ、雰囲気がね。『空手バカ一代』の山崎照朝より、力石の方が近いよ。空気的なもの、持っている佇まいがね。照朝さんは漫画に縁があるよね。歌もうまいしね」

テレビアニメ主題歌を歌う

漫画『空手バカ一代』のテレビアニメは1973(昭和48)年10月3日から1年間、NET(現テレビ朝日)系列で放映された。毎週水曜日の午後7時30分からの30分番組。全47話だった。

放送開始から遡ること数カ月。初夏の陽気の頃だった。山崎は師・大山倍達から本部

空手道《からてみち》　おとこ道《みち》

作詞：梶原一騎
作曲・編曲：小谷充
歌：山崎照朝・ロイヤルナイツ

1．男《おとこ》が命《いのち》かけた拳《けん》
一撃必殺《いちげきひっさつ》　うなってとぶが
空手《からて》の道《みち》は人《ひと》の道《みち》
つらぬく愛《あい》とド根生《こんじょう》
己《おの》れと敵《てき》とに　虹《にじ》かけて
虹《にじ》よぶ拳《けん》が　空手道《からてみち》

2．男《おとこ》が夢《ゆめ》をこめた蹴《け》り
一撃必殺《いちげきひっさつ》　ひらめきとぶが
空手《からて》の心《こころ》に　先手《せんて》なし
耐《た》えぬく試練《しれん》　血《ち》の涙《なみだ》
敵《てき》に勝《か》つより　己《おの》れに勝《か》って
花《はな》咲《さ》く蹴《け》りが　空手道《からてみち》

3．男《おとこ》が迷《まよ》い断《た》つ手刀《しゅとう》
一撃必殺《いちげきひっさつ》　はじけてとぶが
空手《からて》の道《みち》は　押忍《おす》の道《みち》
忍《しの》び忍《しの》んで　忍《しの》びぬき
ひとたび起《た》てる　そのときは
嵐《あらし》の手刀《しゅとう》が　空手道《からてみち》

テレビアニメ「空手バカ一代」の主題歌が収録されたレコードのジャケット。B面が山崎の歌う「空手道おとこ道」だ（©講談社）

道場の館長室に呼び出された。

「きみ、梶原（一騎）先生が『山崎君が歌うように』と言っている。『空手バカ一代』に協力してあげてくれないか」

「押忍《オス》」

『空手バカ一代』のテレビ主題歌の依頼だった。大山と梶原から看板に指名されたのである。山崎は高校時代、形式上、歌謡スタジオに通っていた。当時は不良が習う空手。家族が許すはずがない。自宅の山梨から東京・池袋の極真道場へ入門するため、口実が必要だった。「歌手になりたい」とうそをつき、「上原げんと歌謡スタジオ」へ通っていた。のちに「五木ひろし」と名乗る松山数夫と同時期に練習生だったのである。

山崎が苦笑いを浮かべて回想する。

「歌謡スタジオには出席のはんこをもらいに行っただけ。空手の稽古で腹の底から声を絞り出した後、歌謡スタジオに行くんだから、声が出るわけないよな」

任されたのは『空手バカ一代』のエンディングテーマ。「男が命かけた拳《けん》〜」で始まる『空手道おとこ道』（作詞＝梶原一騎、作曲・編曲＝小谷充）である。

弟で極真空手黒帯の山崎照道が当時の様子を振り返る。

「兄貴は最初、オープニングとエンディングの両方を練習していたんだ。人のそばでしょっちゅう歌っていたから。よく覚えているんだよね」

レコードのA面（表面）にあたるオープニングテーマを歌う可能性もあったのだ。

山崎が真相を明かす。

「歌の練習に行ったときにプロの歌手が表面を歌っているわけよ。格好いいんだ。それで『俺が表面を歌いたい』と言ったんだよ。代わりにプロが裏面を歌ったら、これもまた美声でうまい。結局『プロが表を歌った方がいい』となって、俺は裏になったんだよ」

その「プロ」とは、のちに大ヒット曲『およげ！たいやきくん』でレコード・CD450万枚以上を売り上げる歌手・子門真人《しもんまさと》だった。子門がレコードのA面『空手バカ一代』を歌い、山崎がB面（裏面）の『空手道おとこ道』を担当することになった。

レコード印税、示談金に

1973（昭和48）年秋、『空手バカ一代』のテレビアニメが始まった頃だった。

東京・池袋の極真道場に足を踏み入れようとした瞬間、騒動に巻き込まれる。

先輩の郷田勇三、盧山初雄ら当時、極真トップの6人が喧嘩で住吉会系の組員2人にけがを負わせたらしい。組員は殴った奴が誰なのかを突き止め、道場に乗り込んできた。ならず者の一人が声を掛けてくる。

「おい、おまえも仲間か」

「何を言っているんだ、よく分からない」

「こっちは拳銃を車に積んでいるんだ。おまえ、やってやるぞ」

相手は本物だ。間違いなく物騒なことが起こっている。

「おい、待て。俺は関係ない」

「じゃあ、あいつらに言え。金で示談にしてやる。いくら払えるんだ。３００万か？４００万か？」

「俺は関係ない。おまえがそう言っていると伝えるだけだぞ」

山崎は郷田に相手の意向を伝えた。郷田は渋々答えた。

「分かった。20万くらいだな。それならどうにかなる。25日の給料日に払う」

山崎が組員に伝えると、声を荒らげ、反撃してくる。

「ふざけんな。今すぐ払え。こっちは拳銃だってあるんだぞ」

気が付けば、なぜか山崎が仲介人になっていた。

「本当に今は金がないと言っている。だから無理だ」

「仕方ねえな。20万で25日だぞ」

示談金20万円で和解となった。

支払日前日の24日。組員から山崎の元に電話がかかってきた。

「おい、明日が約束の日だぞ。おまえと約束したんだ。ちゃんと持ってこいよ」

それだけ言われ、ガチャンと切られた。

山崎は郷田に電話があったことを伝えると、思わぬことを告げられた。

「山崎、もういいんだよ。余計なことをしなくて。話がついているんだから」

郷田らは大山が懇意にしている警視庁刑事部捜査四課の刑事を通じて、示談金を20万円から5万円に値切っていた。

山崎は怒りが収まらなかった。たとえ先輩であっても、相手が組員であろうとも、一度交わした約束を破るなんて許せない。

「先輩が20万払うって言ったんじゃないですか。男が一度約束したんだから、やくざが相手だって、守らなきゃ駄目じゃないですか。よし、分かりました。俺がケツを持ちます」

山崎が示談金20万円を支払うことになった。行きすぎたおとこ気である。とは言ってもそんな金があるわけない。社会人2年目。月給は10万円にも満たなかった。考えた揚げ句、東京・渋谷にある梶原一騎の事務所へ向かった。

「梶原先生、申し訳ないですが、『空手道おとこ道』のレコードの印税を今すぐいただけませんか？」

「何に使うんだ」

梶原は怪訝《けげん》な表情で尋ねてくる。

「理由は聞かないでください。必要なんです」

「歌唱印税か。買い取りなら15万だな」

「それで結構です。ありがとうございます」

山崎の申し出に梶原は小切手を手渡した。

印税の15万円に貯金の5万円を加え、計20万円。待ち合わせ場所である池袋の喫茶店に一人で行くと、組員が待ち構えていた。

「おまえたち、ふざけやがって。裏で値切りやがったな」

「おい、ちゃんと約束通り20万円を持って来ている」

そう言うと、山崎は袋に入ったお金を差し出した。

もしかしたら、印税収入は大金になっていたかもしれない。だが、山崎はあぶく銭に興味はないと言い切る。

「金持ちは限りなく金持ちになる。貧乏人はいつまでも貧乏のまま。人生とはそんなもの。だから俺には金がない。でもね不満はないんだ。分かってやっていることだから」

頑固で真っすぐ。曲がったことが大嫌い。生き方は不器用だが、金より大切なものがある。

それこそが山崎照朝の「おとこ道」。のちに、盧山だけは山崎に6万円を手渡したという。

大山のボディーガード

山崎は真樹日佐夫との喧嘩を覚悟した際に、池袋の本部道場に忍び込み、自らの名札を外したことは前に書いた。その後、あらためて極真からの脱退を申し出たことがある。

大山倍達は1975（昭和50）年6月9日付の『毎日新聞』でこう発言した。

「日本プロレス界の王者といわれた力道山さえも勝てなかったアメリカ実力ナンバーワンのタム・ライスを含めて今まで二百七十回戦って連勝しました」

この記事を読んだ韓国人プロレスラーの大木金太郎（本名・金一）は師匠の力道山が侮辱されたと激怒。6月17日に記者会見を開き、大山に挑戦を表明した。

「力道山先生はタム・ライスにちゃんと勝っています。それなのに、こんなかたちで力道山先生の名前を利用するなんてけしからん。空手の大山、俺と闘え」

大木の発言を受け、今度は大山が記者会見を開いた。

騒動の最中、山崎は大山から呼ばれ、意見を求められた。

山崎の述懐。

「もう俺が社会人になって、道場に出入りしなくなった後なのにな。館長は『私は悲しいよ。

自分が代わりに（大木と）やりますという人（弟子）が誰も出てこないなんて』と言ったんだ。そのとき、俺はハッと思ったよ。確かに空手で飯を食っている奴がたくさんいた。でもな、俺も弟子として、体を張らないといけなかった。それで極真から脱退する旨の手紙を書いて、出したんだ。おそらく館長は手紙を見て、すぐに捨てちゃったと思うけど」

その数カ月後となる１９７５（昭和50）年10月。沢田研二の『時の過ぎゆくままに』が大ヒットしていた頃だった。

東京・世田谷区下馬。山崎のアパートの電話が鳴った。

「おい、きみかね」

野太い、よく通る声。大山からだった。珍しい。山崎に緊張が走る。

「きみ、私のボディーガードをやってくれないかね」

答えは一つしかない。

「押忍。分かりました」

大山は悲願の極真第1回全世界選手権大会開催を控え、嫌がらせや妨害を受けていた。東京・池袋の本部道場の窓ガラスが割られ、動物の死骸が投げ込まれることもあった。大山は身の危険を感じていた。ボディーガードに指名する。すなわち、それは山崎に命を預けるということだった。

指名を受け、山崎は自らの命を捨ててでも師を守る覚悟を決めた。

「俺はね、弟子として体を張る。命を懸けないといけないと思ったんだ。何があっても館長を守る。守り抜く。試合当日も俺はピタッと館長に張り付いていた。結局危ない場面は一度もなかったんだけどな」

開催までの1週間と大会当日の11月1、2日。約10日間、サラリーマンの山崎は時に休暇をとり、時に仕事帰りに駆けつけ、大山の側で周囲に目を光らせていたのである。


大山が山崎の強さに一目置いていたことは間違いない。稽古後の訓示で山崎をしばしば例に挙げることがあったという。

極真本部道場の内弟子となり「足技の天才」の異名を持つ大石代悟《だいご》は懐かしんで言った。

「館長は『山崎は天才だけど人の倍稽古をする』と自慢の弟子だった。先輩は俳優のようにルックスもいい。それに強い。当時は日本中を探してもあんな人はいない。それが自分の弟子なんだから。館長はすごく可愛がっていましたね」

第2回全日本王者の長谷川一幸もこう振り返る。

「先輩は昔から（大山）総裁に気に入られていましたよね。総裁はマスクのいい人間、切れ味のいい人間が大好き。華麗な蹴り。変に喧嘩っぽい組手じゃなくて、先輩は空手の切れ味だったでしょ。なんかあったら（キックボクシングや全日本選手権大会の）第1戦で先輩を出していますよね。『彼は…』と例え話をすることも多かったし、奥さん（智弥子《ちやこ》）からも『山崎さん、山崎さん』と言われていましたから」

大山は、山崎の著書『無心の心』（1980年刊行、スポーツライフ社）に寄稿している。もう山崎が極真から離れて、何年も経っていた。序文で愛弟子をこう評している。

〈私は常に限界に挑戦し、自己にも他の人に対しても厳しく生きて来たつもりである。特に弟子に対しては厳しく指導してきた。しかし、時には優しく弟子を見つめ、期待を抱いて共に汗を流して来た。

その多くの弟子の中でも山崎照朝君は、常に極真の精神を忘れず、真面目に生きて来ている。彼は何をするにしても、常に原点に返って正しく見直し、着実に自己の道を歩いている。私は、考え方や物の見方、接点の合わせ方など、総ての点における彼の生き方に大いに賛同する。（中略）

彼の過去の実績を振り返ってみても、輝かしい足跡を残している。彼は切磋琢磨、努力精進を重ねる中で、私に叱咤激励されたことをよく理解し、表わしている〉

極真魂の継承を称え、生き方や実績面でも最大限の評価をしていた。

山崎はこの自著の印税を極真会館に全額寄付した。当時、公にするつもりはなかったが、極真の機関誌『月刊パワー空手』（1980年11月号）に報じられた。

〈山崎照朝三段の著書『無心の心』（スポーツライフ社）をすでにお読みになった読者も多いと思う。初版1万部を売り尽くし重版するまでに至った。その印税45万円（源泉徴収分を差引いた額）を持参して、極真会館館長室に大山館長を訪ね、自分の今日をあらしめてくれた極真カラテへのささやかな恩返しとして、会館の新道場建設募金に全額を寄付した。山崎三段からは、「大げさなことではないし、報じられることは本意ではないので、雑誌で採りあげないでほしい」との頑強な意向があったが、本誌ではひとつの事実として皆さんにお知らせする次第です〉

計り知れない、大山への多大なる恩が詰まっている。

道場に通わなくてなっても、強固な師弟関係にみえた。

丸1年「少年マガジン」に登場

『週刊少年マガジン』の『空手バカ一代』で山崎が本格的に登場するのは、1976年8月1日号から。第1回全日本選手権大会へ向け、芦原英幸から山崎は「日大の竜」、添野義二は「城西の虎」と紹介され、ストーリーの中心となり、毎週のように描かれた。芦原がいる四国へ「地獄の特訓」に行き、腕を磨いていく。

漫画の中で山崎は「華麗な技を誇る天才型」と形容され、第1回全日本選手権大会では次々と難敵を倒していき、「極真の竜虎」による決勝戦が展開される。

〈はじめ〉の合図から二人が構えるシーンは、『週刊少年マガジン』の見開きページが割かれ、〈ウリャ！〉〈セイ！〉とかけ声とともに、一進一退の攻防に多くのコマが費やされた。第1回大会は5週にわたり描かれ、山崎が優勝する場面は一つのクライマックスだった。

山崎が再びメインキャラクターとして現れるのは、第4回全日本選手権大会の直前。コリンズとの物語が中心だった。まずは道場での組手で必殺の回し蹴りを放ち、二度とも圧倒。鼻血を流すコリンズを横目に道場を去る。

〈きょうもこれから後楽園ホールでキックの試合があるんでな　そろそろあきて

漫画「空手バカ一代」で、コリンズが山崎の回し蹴りを「芸術的」と表現し、組手をお願いするシーン（©梶原一騎・影丸譲也／講談社）

きたが……よ〉

登場人物の中でも別格の雰囲気を漂わせていた。

準決勝第1試合として描かれるコリンズ戦は一つのハイライト。敗れた山崎が握手を求めて言った。

〈コリンズよ　りっぱだったぞ　この山崎　いい勉強になった……　おめでとう〉

また、第5回全日本選手権大会でも山崎は頻繁に描かれた。

準決勝では佐藤俊和の蹴り足を山崎がディフェンス。佐藤は痛さのあまり脚を抱えながら転がっている。このシーンを見た梶原と大山が会話を交わす。

〈館長、この梶原の負けです　やはり山崎は天才でした！〉

〈さよう……山崎は、佐藤の右蹴り足をあざやかに左ヒジと左ヒザとではさみおとしてのけた！　目にもとまらぬ天才だけの切れ味です〉

そして、決勝の盧山初雄との対戦へと続いていった。

大会後、芦原、添野と焼き肉を食べながら、山崎が二人に告げる。

〈おれは第一回大会の優勝と今回の二位でおれなりに満足した。キックだけだが　ほかの格闘技もやりそのチャンピオンにもなった　このへんが男のひきぎわか……とも考えている〉

芦原はのどを詰まらせ、聞き直す。

〈や、山崎っ、おまえ空手をやめる気かいな？〉

〈やめはしませんが……　それは趣味として一社会人としての人生に主力をおく時期かと思うんですよ〉

「日大の竜」「極真の竜」として、丸1年『週刊少年マガジン』に登場した。梶原が描く山崎は漫画の世界でも「空手の天才」「キックの王者」「まわしげり日本一」と賞賛され、最大限の評価をされている。

　しかし、山崎は虚実入り交じる物語にうんざりしていた。

「所詮は漫画。でも、その漫画で極真が凄いことになった。それは間違いない。（漫画で描かれている）第1回（全日本）の前に芦原先輩のところに行ったのは修行じゃない。キックで俺たちの名が上がったから、芦原先輩から『来てくれよ』と言われただけ。逆に俺と添野が先輩の弟子に教えに行ったんだよ。俺はこういうこと言うから、生意気って言われるんだけどな。まあ、『空手バカ一代』で

漫画「空手バカ一代」の中で、山崎が引退を告げるシーン。上のコマでは先輩の芦原英幸が驚いている（©梶原一騎、影丸譲也／講談社）

本当のことは最後の台詞だけ。『一社会人としての人生に主力をおく時期』というところだけだな」

漫画の強さ、偽りなし

前章で、山崎主宰の道場「風林火山」に触れたが、その誕生のいきさつを詳しく書く。

中日映画社から、東京新聞ショッパー社へと転職し、社会人生活は5年が経っていた。

「サラリーマンになったばかりの頃は、目つきが鋭すぎたんだろうな。営業の部長から『山崎君は目がきついから、たばこか酒を覚えた方がいい』と言われたり、接待ゴルフに連れていってもらったり。酒はきついから、たばこを吸っていた時期があったな」

山崎は名刺を差し出すたび、「あの山崎照朝さんですか?」と驚かれ、空手の指導を懇願される。周囲の声に押され、極真の本部道場へ足を運び、大山に筋を通した。

漫画「空手バカ一代」の中で、山崎は「空手の天才」「キックの王者」と称賛されている(©梶原一騎・影丸譲也／講談社)

「館長、『空手を教えてくれ』と私の周りに人が集まって来まして。極真の名を使うと（同じ）埼玉の添野に迷惑がかかります。私はボランティアでやりたいと考えています」

大山が尋ねる。「道場の名前はどうするのかね」

「名前をつけないわけにはいかないので、道着には『風林火山』とつけようと思います。認めていただけますか」

「いいんじゃないの」。大山はあっさりと認めた。

1977（昭和52）年4月、山崎は埼玉県大宮市（現さいたま市）に空手道場を設立した。故郷・甲斐の戦国武将、武田信玄が旗指物に記したとされる

自身の道場で指導する山崎。学生からはお金を取らなかった

「風林火山」。極真時代に自らの帯に入れていた四文字を道場名にした。

山崎の道場には現役のトップ選手が訪れることもあった。

練習風景が『一撃の拳　松井章圭《しょうけい》』（北之口太《きたのくちふとし》）に綴られている。松井といえば、のちに第4回全世界空手道選手権のチャンピオンになる猛者だ。

〈八〇年夏のある日、天才の名をほしいままに極真会館を去った、第一回全日本大会チャンピオンの山崎照朝が流山道場を訪れた。

数日後、松井は、山崎が埼玉県大宮市の公民館で開いていた、一〇名ほどを集めたボランティアの空手教室に参加していた。山崎の指導する稽古がはじまると、基本、移動稽古にかける号令の異常に早いことに戸惑った。が、すぐに順応した松井に、待ちに待った組手のときがきた。一〇名の門下生一人ひとりと手合わせした後、山崎に「よろしくお願いします」と挨拶した。

山崎はニヒルな微笑みを浮かべながら「あんまりいじめるなよ」と、応じた。

山崎の構えは、伝説の〝前羽の構え〟である。松井は位負けしそうになる心を必死に奮い立たせて向き合った。だが、隙などない。全身から汗が噴き出してきた。意を決して攻撃に移った〉

山崎独特の攻防一体の「待ち拳」が記され、続いて、山崎がみぞおちに前蹴りを放つなど攻めるシーンが描かれる。帰宅した松井はあることに気づく。ここから再び引用する。

〈深夜になって帰宅した松井は、風呂に入るために衣服を脱いだ身体を鏡で見て驚いた。鳩尾《みぞおち》や肝臓など体の急所に、正確に傷跡がついていたからだ。山崎の攻撃によるものだった。

――凄い。先輩は、引退されてから七年も経っているはずだ。それなのに、こんなに技の威力を保っておられるなんて……。しかも、技は、鞭《むち》がしなるように柔軟で伸びがある。

『空手バカ一代』に登場する空手家は、誇張気味に描かれている人もあるが、山崎先輩は、その強さが偽りなしに正確に描かれている。〉

大山の怒声「出ていけ」

1980(昭和55)年、夏の終わりを告げる頃。突然、周囲が騒がしくなってきた。入門時から、何度も組手をお願いし、可愛がってもらっていた先輩で、当時、愛媛支部長を務めていた芦原英幸が極真会館から9月8日付で永久除名処分となった。

極真の機関誌である『月刊パワー空手』1980年10月号には処分理由として、〈8年間の長きにわたり極真会館道則・支部規約に違背し事ある毎に本部の指示に従わず、再三にわたる警告も無視し、反組織的行動を更めることがなかったというもの〉と記されている。

主な内容として10項目が挙げられ、〈本部の義務である会員登録を怠るだけでなく、他支部長に、自分と歩調を合わせて、会員登録をしないよう強要したこと〉〈本部に許可を得ず、他府県にまで20に近い道場を開き、たび重なる閉鎖命令にも従わなかったこと〉という事象から、〈会長より多大な援助と恩恵を受け、それを利用しながら、その恩を返すどころか、蔭にまわって会長への中傷をなしたこと〉と私怨のようなことも含まれていた。

そんな激動の最中、山崎は大山から呼び出された。東京・池袋の本部道場の3階にある館長室。ドアをノックして入ると険しい顔をした大山が座っていた。

「きみ、大変なことになっているよ。添野君はこの1週間のうちに逮捕されるみたいだよ。いろいろと問題がある。そうなれば破門になるだろうね」

先輩の芦原に続き、盟友の添野までも…。思いがけない話の展開に山崎は声を失った。上納金や暴力団という言葉だけでなく、大山の口からは拳銃やら、麻薬やら、傷害事件やら不穏な単語ばかりが出てくる。何が起こっているのかさっぱり分からない。

埼玉県警が動き、いずれ新聞にも載るという。

館長室を後にし、慌てて郷田勇三の元へ行った。郷田は本部道場の師範代を経て、東京城東支部の支部長を務めており、大山からの信頼も厚かった。

郷田の話を聞いているうちに、ピンと来た。

山崎の解釈はこうだった。

添野は大学を卒業した1970（昭和45）年から埼玉支部長（当初は所沢道場）に就任。埼玉県内は長らく添野の天下だった。だが、盧山初雄が80（同55）年に埼玉南支部を創設した。そのとき、山崎は「添野は（盧山と）同い年だし、大山道場から一緒だろ。まあ、道場なら仕方ないよな」と言ったのを覚えていた。しばらくすると、添野の側近らが盧山側に流れていく。添野と周囲の間に軋轢や上納金のもめ事があったのかもしれない。だが、この問題の根底には埼玉県内の縄張り争いがあるのではないか――。

「郷田先輩、これは二人（添野と盧山）の縄張り争い、埼玉の争いじゃないですか。添野が極真からいなくなったら大変です。事を大きくせず、どうにかならないですか」

山崎は郷田に二人の間に入ってもらえないかとお願いした。

「館長はみんな知っているんだよ」

「えっ、どういうことですか？」

「館長は全部内情を知っているんだよ。だから、おまえ、余計なことしない方がいいよ」

既に山崎には手に負えない事態となっていた。大山は盧山の肩を持ち、添野を排除する意向であることを悟った。

後日、再び大山に呼び出された。もう聞かれることは分かっている。

「きみ、大変なことになっているよ」

新聞には「添野逮捕へ」と書かれている。事態は大きくなろうとしていた。

「添野は功労者です。だから破門にはすべきではないと思っています」

師に意見を述べたことはほとんどない。だが、このときばかりは思いを伝えずにはいられなかった。

すると、大山は身を乗り出し、じっと目を見つめてきた。

「きみはどっちに付くのかね？」

盧山につくのか、それとも添野か。二者択一だった。

山崎は迷うことなく言った。

「館長、これは縄張り争いだと思っています。私はどっちにもつかない。中立です」

師が求めていた答えとは明らかに違っていた。

大山の顔が赤く染まっていき、怒りに変わっていくのが分かった。

「私は中立は嫌いだよ。出ていけ！」

怒声が響き渡った。山崎は深々と頭を下げ、館長室を去った。これはもういい機会だ。完全に足を洗おう—そう心に誓った。

山崎自身、事実上の「館長室、出入り禁止」だったと解釈している。以来、大山との距離は遠くなった。

山崎の回想。

「あのときな、俺は『館長に従います』と言えばよかったのかもしれない。でも、俺はできないから。添野を裏切るわけにいかない。俺と添野と及川（宏、現姓大川）は兄弟分で、極真を盛り上げてきたんだ。ある意味、俺はあれで踏ん切りがついた。すっきりした。たとえ館長でも間違っていたら、おかしいですよ、と。俺は俺なりの筋を通したつもりなんだ」

師か、添野か。どちらを選ぶか。

表面上、山崎は盟友・添野を選んだ。だが、実際は、どちらかを選んだわけではない。

自らの信条を通した。あえていえば、己を選んだ。

極真の道場に出入りすることは許された。処分もされていない。

その後、大山の妻・智弥子には会うたびに言われた。

「いまに館長も気が収まるから。もう少し様子を見てね。そのうち大丈夫ですよ」

大山の怒気が混じったあの声は今なお耳に残っている。

出ていけ――。

山崎が館長室に入ることは二度となかった。

「逆真会館」の道場、赤字で閉鎖

1995(平成7)年に、国際武道空手連盟「逆真会館」を発足。山崎は空手の鍛錬で得た教訓から「逆真」と名付けた。

「読んで字のごとく『逆に真あり』という意味。『逆』というのは初心回帰で常に基本を意識してほしいから。そんな思いを込めたんだ。練習を重ねると、上手さや強さを追求するあまり、壁にぶつかるんだ。その壁をこじ開けるのは基本しかない。迷ったら初心。壁に当たったら基本。常に大局にものを見ながら、初心、基本に返ることが必要だと考えている」

道場は幼稚園児から大学生まで学生なら無料。場所代や稽古用具の購入のため、大人は月謝5000円。スポーツ保険は山崎が立て替えていた。

指導はボランティア。譲ることのできないポリシーだった。

「俺は空手で飯を食うつもりはない。給料はサラリーマンとして会社からもらっている。あとはね、俺の哲学として、学ぶこと、勉強すること、体を鍛えること、これらはね、青少年の仕事であって、無料であるべきだと思っている」

一時、学生は数百人に膨れあがった。懐に入る金は1円もない。それどころか家計から年間150万円以上の持ち出しになる。

妻せつ子は笑いながら言った。

「お金儲けには本当に疎い人でね。これだけお金に無頓着な人はない。珍しい人種だと思います。お金を追求する人にとっては、何の得にもならない人でね。本当に純粋で実直。空手仲間の人たちも損得抜き、ボランティアでやってくれている。せめて日当や実費くらいは出してあげても、と思いますよ。皆さんを満足させてあげれば、もっと付き合いの幅も広がると思いますし。空手の世界しか知らない人なんで、もう大変。彼のことを理解してくださる人は少ないんじゃないですか。でも、彼が裏切ることはないですよ」

金に無頓着で不器用。だが、「裏切ることはないですよ」と最後の言葉に感情が込もる。

一方で、山崎は極真の先輩、芦原英幸からの助言をはっきりと覚えている。

「芦原先輩から『1000円でもいいから、お金を取った方がいい。その方が生徒は払った分を取り返そうと一生懸命になるし、ありがたみを感じるんだ』って言われてな。俺はそんなことないと思ったけど、もしかしたら先輩が正しかったのかもしれない。生徒が稽古を頑張る、という意味では、無料というのは駄目なのかもしれないな」

道場は当然赤字。その結果、2011（平成23）年8月、一般道場を閉鎖した。

大山からもらった牛の置物

師・大山倍達との思い出は語りきれない。

山崎は大学時代、東京・日暮里で一人暮らしをしていた。4畳半のボロアパートである。

「いるかね？」

突然、大男が姿を現す。ふと見ると大山だった。慌てふためく山崎をよそに、師は顔を見せるだけで去っていく。大山の妻・智弥子が訪ねて来ることもあった。年に数回、事前に知らせることなく、私生活をチェックしにやってくる。

山崎は少し嬉しそうに振り返った。

「家に来られたのは俺くらいじゃないかな。館長は私生活が乱れていないかを確かめに来たんだ。女がいなかったから良かったけどな。俺の大学時代は寝ても覚めても空手。後ろめたいことは何もなかったからな」

山崎には大山からの忘れられない言葉がある。

「館長が『私も人間だ。神様じゃない。いいところもあれば、悪いところもある。すべてをまねしろとは言わない。きみはいいところだけをまねすればいい』って言うんだ。館長

波打ち際で、組手のポーズをとる大山(左)と山崎

が言うとおり、俺はいいところだけをもらったんだ」

大山の「いいところ」とは、飽くなき向上心。ひたすら強さを追い求める姿勢である。かつて、山崎は大山が得意の「ビール瓶切り」をするようになったきっかけを聞いたことがある。大山は表情を崩し、得意げにこう言ったという。

「クラブでちょっと揉め事になってね。相手を殴るわけにもいかない。それでね、置いてあったビール瓶を手刀で叩いたんだよ。気合を入れてね。そしたら（瓶の上部が）切れて、ポーンと飛んでいってね」

ある年の正月、山崎は添野と池袋の本部道場の4階に住む大山の元へ新年の挨拶に行った。床には段ボールに入った数え切れないほどのビール瓶が置いてある。よく見ると、ビール瓶には傷が入っていた。深い傷から、浅い傷、傷の入っていない瓶まで。やすりで瓶を削り、傷を作ったという。大山はクラブで揉め事があった後、道場に戻り「ビール瓶切り」を試したら、うまくできなかった。おそらくクラブでは集中力が研ぎ澄まされていたのだろう。手刀に迷いがなかった。だが、もう一度やってみたら、一発では成功しない。会得するため、地道に練習を重ねていたのだ。

山崎は師の姿勢をこう解説した。

「まずは深い傷の瓶を（手刀で）切っていく。館長はイメージと体の動きを一致させながら、百発百中になったら、浅い傷の瓶へ進む。何度も練習して、最後は傷なしの瓶もできるようになった。それを聞いたとき、すごい執念だなと思ったんだ。同時に、理にかなっているなとも思った。何回も繰り返して、失敗を重ねた上で、タイミングと動きをつかんでいく。少しずつ成功して、最後はできるようになる。それはどんな技でも同じことなんだよな」

　大山には強くなるための執念と他人には見せない鍛錬があった。そして、計り知れないパワーも。

「10円玉を曲げる大山館長の指の力。普通の人は手首を持たれただけで（骨が）折れて、喧嘩が終わっちゃう。牛と闘ったときだって、ねじ伏せた。いろんなことを言う人がいるけど、普通はできない。館長は実戦でどう闘うか。喧嘩になったらどうするかを常に考えていた。武道家として考えた場合、大山倍達の右に出る者はいない。俺はそう思う。近くにいればいるほど、そう感じたんだ」

　１９５６（昭和31）年11月11日、東京・田園コロシアム。大山と５６２キロの牛との格闘を実際に見た、大山道場から師範代を務めた石橋雅史が「牛殺し」について補足する。

「牛は車で揺られて来てね。あまり闘志がないんだ。牛をいっぱい叩いて、やっとバーッと動きだした。大山先生は牛の角を捕まえて、そこからねじる。ドドッと倒す。転がしたところで終わりだったけど、やっぱりあれは普通の人にはできないですよ」

　常人ができないことに挑戦する。できるまでやる。やり遂げる。それこそが極真魂なのだ。何事も実行に移す師を山崎は心から尊敬してきた。その思いが揺らいだことは一度たりともない。

　山崎には大切にしている宝物がある。大山からプレゼントされた牛の置物だ。館長室で見た瞬間、なぜだか力強さが伝わってきたという。

「『いただけませんか？』とお願いしたら、館長から『いいよ。あげましょう』と言われてな。それは嬉しかったよな」

　牛の置物の下には「贈　山崎照朝君　大山倍達」と記されている。

気難しい一匹狼

　しかし、大山から見れば、山崎は必ずしも扱いやすい

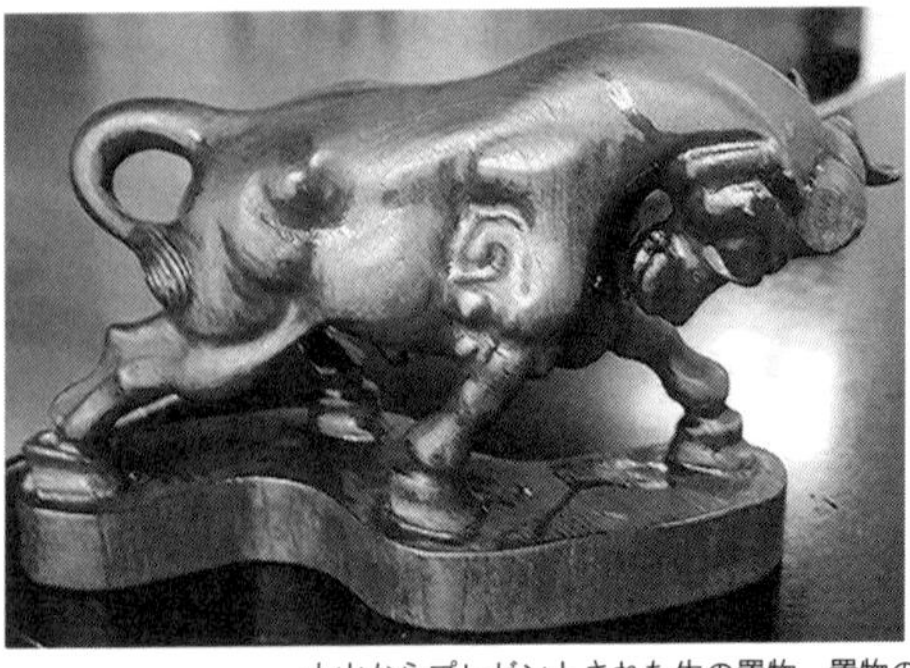
大山からプレゼントされた牛の置物

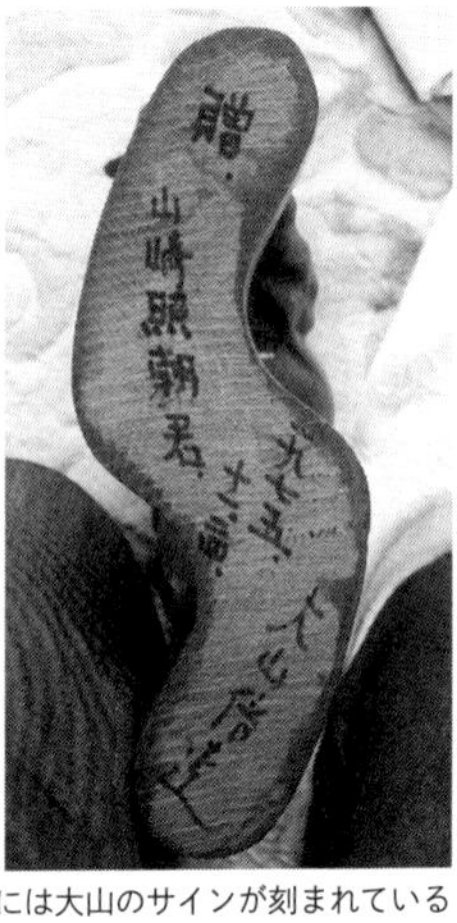

置物の裏には大山のサインが刻まれている

弟子ではなかったかもしれない。初期の全日本選手権大会委員で日刊スポーツの元企画部長、黒田璋《あきら》はこう語る。

「大山さんは『山崎、山崎』とは言っていたけど、つかず離れずの関係だったと思う。山ちゃんは避けている部分があった。普通なら結婚式で仲人は大山先生にお願いせざるを得ない。でも『嫌だ』と言った。立会人が私と女房でね。館長にも私が伝えて、仲人でなくて、主賓として来てもらった。山ちゃんは意地を通した。館長は添野（義二）と比較して『山崎は俺の言うことを聞かない』と言っていたから。強さは抜きにして、１００％信頼し合う師弟かと言ったら、少し美化しすぎている気がするな」

第1回全日本選手権大会の優勝賞品であるハワイ旅行で、客室乗務員を務めていたせつ子と出会い、１９７４（昭和49）年10月に結婚した。極真の第1回全世界選手権大会

結婚式での山崎と妻・せつ子（１９７４年１０月）

が開催される、ちょうど1年前だった。

山崎も少しばつが悪そうに振り返る。

「結婚式は館長に内緒でやろうとしたんだよ。館長は俺を世界大会に出したい。でも俺は出たくない。だから個人的な縁は切りたいわけ。館長から『きみ、なぜ黙っていたのかね』と言われて『いや、迷惑かけてはいけないと思いまして』と苦しい言い訳をしたんだよ。結婚式は質素に50人でやるつもりが、みんなぞろぞろ来ちゃって、ホテルから『120人来ているんですが…』と言われてね。でも館長は20万円も包んでくれたんだよな」

当時、「極真の虎」添野義二の方が、忠誠心が高かったことは確かである。

添野も笑いながら頷いた。

「山崎はどっちかというと一匹狼で人との輪を好まない。あいつは変人なんだよ。気むずかしいところもある。俺はね、周りと仲良くなる。だから大山先生は俺になんでも嫌なことでも頼んできた。山崎はやらないからさ。そういった意味では俺の方が素直だからね」

大山逝く…お家騒動

師との今生の別れは突然やってきた。

1994（平成6）年4月26日。

山崎は東京中日スポーツの記者として、東京都豊島区のヨネクラジムで、ボクシングの世界チャンピオン川島郭志の取材をしているときだった。東京スポーツの記者が神妙な顔つきで近寄ってきて、耳打ちをした。

「会社から連絡があって、館長が亡くなりましたよ…」

「えっ…」

巨星落つ。大山が逝った。

取材先のヨネクラジムを離れ、すぐに池袋の本部道場へ向かった。わずか3カ月前、東京・後楽園のサウナで、師とばったり会ったときのことを思い出した。

「ご無沙汰しております」

「おお、きみ、元気かね？」

大山のなんとなく気まずそうな、でも嬉しそうな柔和な表情が目に焼き付いている。

通夜には参列したが、本葬は見送った。

以後、極真は分裂騒動で世間を騒がせる。

1995（平成7）年4月13日。大山の妻・智弥子、次女・グレース恵喜《えき》が記者会見に臨んだ。山崎は東京中日スポーツの記者として、会見場で取材にあたり、じっと耳を傾けていた。智弥子とグレースが次々と記者の質問に答えていき、後継者の話題に移った。

グレースが思いの丈を込めていく。

「もうこのままでは極真会館はどうなるか分からないし、松井（章圭）さんのやり方では逆に父が消されていくような気がいっぱいすることがあったもので、遺族としてはこの人の方が大山倍達の精神を伝えてくれると思う日本の方がいらっしゃいます。父親は一人で全部やりました。しかし、それが初代と二代目の差だと思います。そして、自分の理想としては館長という方がいらして、反対側に理事長あるいは最高構成官という方がいる」

徐々に熱を帯びてくる。

「恥ずかしくない人間性豊かで、人も惹きつける魅力があって、スポンサーを探すことができるような方が現れてくれるのが理想だと思います。遺族として、少なくとも私とか妹の理想の方がいるんですけれど、その方は残念なことに極真会を去ってしまったんです」

一呼吸を置いて続けた。

「でも、その方が今ここにいらしている。断るのは分かっているんですけど、その方は山崎照朝さんなんです。そういうような方が理事か何かになってくださって…」

突然、グレースが極真会館の後継者、理事長に山崎を指名したのだ。

山崎は耳を疑った。冗談じゃない…。すぐに記者会見場から立ち去った。地位や名誉に興味がない。お家騒動には巻き込まれたくない。

大山の三女・喜久子がグレースの心中を察する。

「お姉ちゃんがいきなり言ったみたい。母も誰も知らなかった。私は会見にいなかったから後から聞いたんです。でも、姉は山崎さんに決めていた。父の苦労した時代も極真がメジャーになったときも知っている。それに一般社会に出ていて、社会常識もある。母も姉もいつも『山崎さん』と言っていましたからね」

大山家から絶大な信頼を得ていた。大山は山崎のことを家族にどう話していたのだろうか。喜久子が明かす。

「父から山崎先生の悪い話を聞いたことがない。『上品すぎる』とは言ってました。極真の黄金時代の波に他の人が乗ろうとしても、山崎先生だけは乗らなかった。父が仕掛けようとしても乗らない。だからと言って、可愛くないわけがない。山崎先生のことは別格として見ていました」

命日に護国寺を訪れ

大山の命日である4月26日が近づくと、山崎は護国寺を訪れ、墓参する。

2013年は隣に、大山の三女・喜久子がいた。

喜久子「（次女の）グレースは山崎先生の大ファン。長女（留壱琴《るいこ》）も（山崎が）大好き。

背が高くてハンサムで強くて優しくて。みんな（道場生は）ジェラシーを抱いていたのよ。そういう人が（極真を）去っちゃうのよね、って家族で話していたから」

山崎「俺は別に去ったわけではない。みんなが『道場を作ってほしい』と大宮に集まっちゃって。オレはビジネスできないから、館長に相談して『ボランティアでやっていいでしょうか』と。『いいんじゃないの』と。それで名前がないから風林火山。館長から許可を取ってやっていた。あれはグレースかな。（記者会見で）後継者どうのこうの言ったのは」

喜久子「姉がいきなり…。誰も知らないのよ。私はいなかった。後で聞いた。でもね、母も姉も言っていた。山崎先生は、父の苦労時代、極真がメジャーになっていく頃も知っていて、それに空手以外の一般社会にも出てる人だから、って」

山崎「俺はあんなこと言われるなんて全然知らなかった」

喜久子「パパが亡くなったとき、私はニューヨークにいた。亡くなる前日、電話が来たんです。留守電だったから。（録音が）３分間くらい残っていて、でも何も話していなくて。

大山倍達の墓前で、手を合わせる山崎（東京都文京区の護国寺）

たぶん、そのまま受話器を持って黙ったまま。それで電話をかけたら、もう駄目だったのよ。『亡くなった』って…」

山崎「俺は亡くなる3カ月くらい前、後楽園のサウナで会った。それが最後だな」

喜久子「ああ、サウナは憩いの場だったからね。そういえば、道場の4階が（大山家の）自宅だった頃、うちに来てグレースのピアノに合わせて歌っていたよね」

山崎「ああ。『空手バカ一代』の（アニメのエンディング曲）『空手道おとこ道』だな」

喜久子「普通の人は父の自宅に来ないですよ。動じないし、自信があったんでしょ。父も認めていたから、『空手バカ一代』のテーマを歌わせたと思う」

山崎「俺は表舞台に出るとか有名になるとか嫌で仕方なかった。それで館長から『明日、撮影があるから』とよく言われたけど、『押忍』と言っても行かなかった」

喜久子「父は山崎先生を極真の看板にしたかったんでしょう」

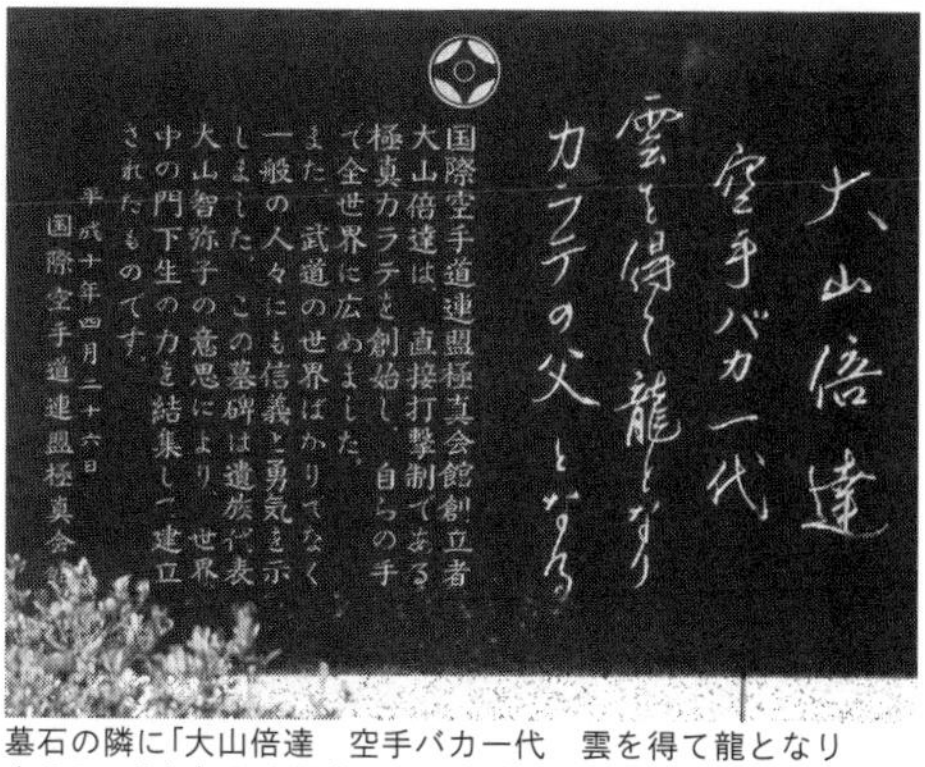

墓石の隣に「大山倍達　空手バカ一代　雲を得て龍となりカラテの父となる」と記された石碑がある

山崎　「感謝しかないよな。感謝。いろいろあって大山館長を批判する人もいるけど、空手であれ以上のことをやっている人間はいないんだから」

社会で空手の精神を生かす

1964（昭和39）年11月、高校生の山崎は極真会館を初めて訪れた。ただ喧嘩に強くなりたいだけだった。その後、師・大山と出会う。あれから長い年月が過ぎた。

「極真には強くなるための環境があった。大学4年間、寝ても覚めても空手だよ。俺の空手人生は実質的には大学4年までだな。あれでやり切った。悔いはない。このまま続けても大山倍達を超えられないと思ったんだ。それからは武道の精神や空手をどう人生で生かせるか。社会で生かせるかがテーマだったな」

中日映画社、首都圏の生活情報紙を発行する東京新聞ショッパー社の営業、格闘技レポーター、新聞記者…。社会人になっても極真で学んだことがすべてに生かされた。

「俺は汚いこと、苦しいこと、自分を嫌う者に対して向かっていく。組手で顔面にパンチを入れて怖がられる先輩もいた。だけど、俺は怖さを押し殺して『お願いします』と組手を申し込んだ。それと同じで、仕事の営業でも相手にされず、会ってくれないところに何度も行くんだ。『きみは来なくていいよ』と言われても行く。それが稽古で学んだ空手流。

そういうやり方が道を切り開くんだ。大山館長が『虎穴に入らずんば虎子を得ず』とよく言った。そこに入らないと手に入れられないものがある。そういう精神が仕事でも生きたと思う」

心の中で師・大山と母・とみ子の教えが重なった。

山崎が言う。

「わが家は貧しかったけど『まず頭を使え。頭がダメなら金を使え。金がないなら体を張って命をかけろ』というのが母の教え。小さい頃からよく言われてきたな。『死ぬ気になれば怖いものなんてないんだから』ってな」

これこそ山崎の武士道精神であり、生き様なのだ。

己の描く空手道を歩んできた。ただ、山崎と周囲の考え方には大きな隔たりがある。

「周囲は俺のことを空手家と思っているが、俺は自分のことをそう思っていない。周囲が言うのは勝手だけど、本人には迷惑なこともある。空手家ならもっと組織に執着し、ビジネスも真剣に考えただろう。俺はキックボクシングで名前が出たのも、極真の（第1回）

滝に打たれて精神統一する山崎。いつ襲われても応戦できるように、修行で感覚を研ぎ澄ましていた

全日本で優勝したのも〝たまたま〟でしかない。俺がやってきたのは大会や試合に勝つための空手ではないんだ」

自ら「空手家」と名乗ることもなければ、現在も空手の指導者ではないと言い切る。それでは山崎にとって空手とは何なのだろうか。

「俺にとっての空手は人生を生き抜く手段。商売にするのは問題外。武道について昔の人はみんなそう考えていたと思う。『空手は自分自身のためにある』のであって、人のためではない。それが結果として人のため、社会のため、世界のためになればいい。社会で空手の武士道精神を尊び、生かしたいと思っているんだ」

時代錯誤の侍

極真空手、大山の精神を愛している。今なお、極真魂が山崎に宿っている。

私にはそう感じることがあった。

山崎は取材現場でも幾多の伝説を残してきた。その中で私が好きなのは他社の先輩記者やボクシング協栄ジム元会長の金平桂一郎から聞いた「ユーリ事件」。ボクシング担当記者の間で語り継がれる逸話だった。

1992（平成4）年5月、ロシア出身で協栄ジムに所属したユーリ・アルバチャコフが静岡・雲見《くもみ》で合宿をした。1カ月後にWBC世界フライ級王座への挑戦を控えていた。ユーリは海に向かって大きな石を投げ、パンチ力強化を図っている。すると山崎は拳くらいの大きさの石を拾い、手刀《しゅとう》で真っ二つにしてみせた。40代半ばの中年記者がいきなり石を割り、平然としている。あり得ない光景を目にしたユーリが驚きの表情で金平に尋ねた。

「あの方は一体何者なんですか?」。のちに世界王座を9度防衛する名ボクサーが仰天した手刀。以後、ユーリは山崎に尊敬の念を抱き、急速に距離が縮まっていったという。

２０１３（平成25）年1月、山崎の運転で故郷・山梨を訪れたときだった。車中でユーリの話をしていた。すると、車を止め、近くの川原に下りていった。65歳の山崎が拳よりひとまわり大きい石を割ろうとしている。

「おい、ほら、割るから。写真撮れよ」

周りを見渡すと、石を割るための適度な場所がない。

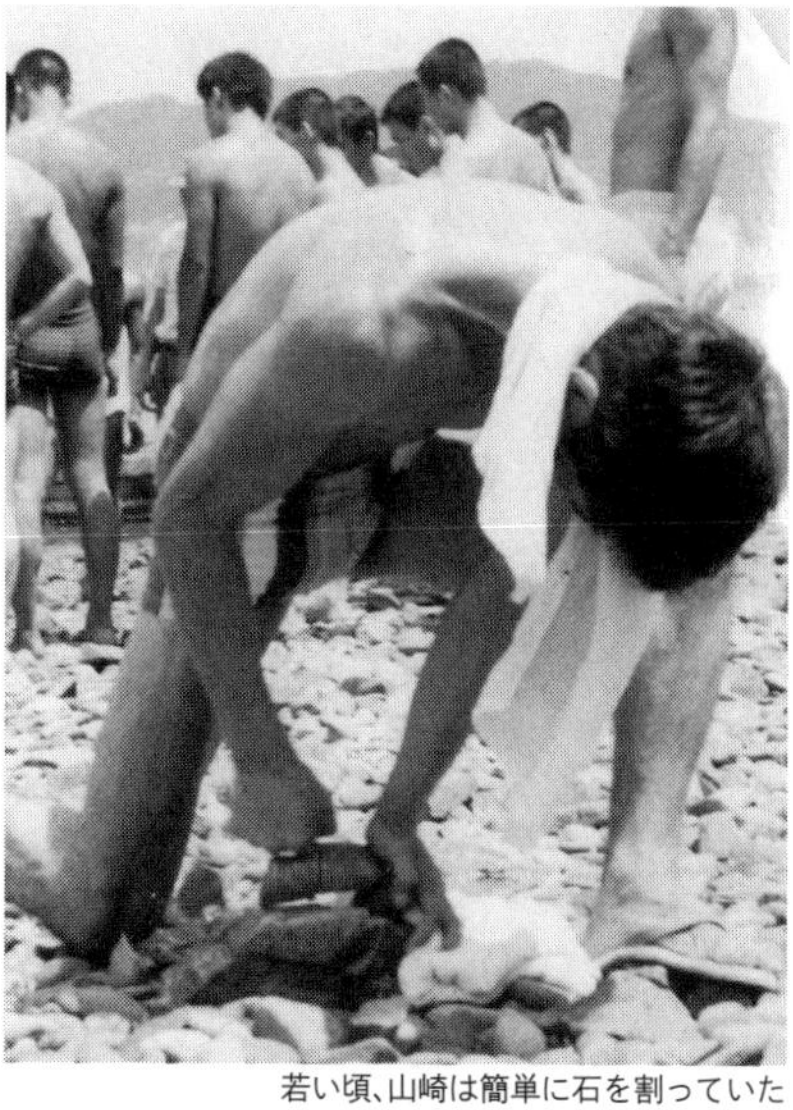

若い頃、山崎は簡単に石を割っていた

「足場がよくないな…」。そうつぶやきながらも、構えに入った。

「フッ!」。割れない。

「もう一回だ。フッ!」

やはり割れない。いや、割れるはずがないのだ。素人の目から見ても、割るのに適した石や場所がない。不可能な戦い。それでも思い切り手刀を振り下ろす。

「フッ!」

「山崎さん、もういいですよ。ここじゃあ、ちょっと無理ですよ」。私はたまらず口にした。

「俺は割れるんだって。絶対に割れるんだから」

諦めたときが敗北のとき。頑固で真っすぐ。何度も手刀を落とし続けたが、結局石は割れなかった。最後は私が懇願してやめてもらった。

手刀で石を割ろうとする山崎。何度も挑戦する姿に胸を打たれた(2013年1月31日、山梨県甲州市)

「なんで、止めるんだよ！」

明らかに納得していなかった。男に二言はない。絶対に不可能なことなんてない。それが山崎の勝負哲学。挑戦し続ける姿に極真魂を見たのだった。

このことを『東京中日スポーツ』（中日スポーツ）の新聞連載の最後に、「私から見た山崎照朝」として記した。

記事を読んだ山崎はひとことだけ言った。

「あんなこと、書かなくていいんだ」

おそらく、石が割れなかったことに、まだ納得していない。しかも、おまえが止めたんだ、それを書くなんて非常識だと言いたかったのだろう。第1章から記す山崎照朝は格好いい。太い幹にいつも花を咲かせてきた。しかも満開の花を。しかし、人間はだれしも年を重ねるごとに衰えがやってくる。

2020年3月24日、逆真会館の埼玉・与野道場。

この日の道場生は6人。40、50代の男性しかいない。72歳の山崎が前に立ち、率先して稽古をこなしていく。一つ一つの動きは今なお力強いが、往年と比べ、足は高く上がらない。スピードも決して速いとは言いがたい。

「おい、もっと（相手が）顔面を殴ってきたときのことを想像してな」

「例えば刃物が来たら、ここ（腹の表皮）は切られてもいい。命に関係ない。肉を切らせて骨を断てばいいんだ」

試合や大会ではない。あくまで実戦を想定した稽古。山崎なりの武道を追求する。時間が経つにつれ、次第に息が上がってくる。山崎は顔を歪めながら稽古をこなしていく。手本を見せる。やり遂げようとする。

そのとき、あの川辺での光景がよみがえった。不機嫌に言い放った、「なんで、止めるんだよ！」。あの声が耳の奥で聞こえてきた。

何歳であろうと関係ない。諦めたら最後。それが極真魂なのだ。

1時間、1時間半と過ぎていく。稽古の終盤、息が荒くなった。弟子を相手に前羽の構えから、待ち拳を見せる。技を受けたと同時に攻撃した。

山崎が最も得意とする流れだ。

その動作は滑らかで一瞬の動きには切れがある。目をかっと見開き、素早く獲物を捕らえた。筋力が弱くなろうが、体力が衰えようが、身につけた技は変わらない。

極真で太い幹に鍛え上げ、広く深く根を張ってきた。

もう花はないかもしれない。

だが、余分なものをそぎ落とした「枯れた技」は美しく見えた。

2020年6月。これが最後の取材。

いつものように、山崎は店の隅に座り、すぐに目を動かし周囲をチェックした。話しながらも、私と合っていた目線は絶えずキョロキョロと動く。

山崎照朝とはいったい何者なのだろうか――。

世は令和となり、平和ボケの日本。こんな時代に常在戦場、見えない敵に対して戦闘態勢をとる時代錯誤の侍がいる。時代に合っていないのだから、万人から受け入れられるわけではない。だからこそ、より際立ち、より稀有な存在になる。

時代が変わっても、山崎照朝は変わらない。

最後に。「いつも喫茶店やお店では隅に座り、話しながら、周りを見ていますよね」。そう問い掛けた。

「ああ、それはもう昔の話だな。周りを見るのはもちろん、相手が突然攻撃して来たらどうするか、どうやって闘うか。目を動かしながら、人を見た瞬間にパッと考えていたな。『目で斬る』と言ってたな。姿勢や目の鋭さで相手を斬るというのかな。でも、もうないよ。昔の話だよ」

山崎はそう言って、左右に目を動かした。

interview

「極真の竜」、語る

あとがきにかえて、「極真の竜」と呼ばれた山崎照朝のインタビューを掲載する。極真の先輩方、思い描く空手道、後継者などについて聞いた。(聞き手・森合正範)

護国寺に眠る大山、梶原、力石

――第1章の最後にも書きましたが、最近になって、初めて漫画『あしたのジョー』を通して読んだんですよね。

「うん、読んだよ。初めからずっと読んだ。梶原一騎は凄いな。よく勉強しているよな。ボクシングの専門用語を知っているし。俺も長いことボクシングを取材している

からさ。細部にわたって、ああ、こういうことも知っているんだ、とちょっとびっくりしたな」

――梶原さんは昭和初期に「拳聖」と呼ばれたピストン堀口をはじめ、ボクシングが大好きでしたからね。実際に読んでみて、力石徹と自分は重なりましたか。

「俺はさ、梶原先生とちば（てつや）先生の関係は分からないし、ちば先生とは会ったことがないんだよ。まあ、顔は全然違うと思う。でも結局さ、俺のメンタル面の部分は合っていると思うんだ。ちょっとひねくれたところ、意地っ張りというか、なんでこいつは言うことを聞かないんだろうというところがな。当時は梶原先生にはみんなこう（頭を下げてばかり）だから。ごまをすってばかりいるんだよ。俺だけ一歩下がって、『俺のことなんかより他の人を描いてください』と距離

山崎にインタビューする森合正範（右）

を置いていたからな。驚いたのは、力石も護国寺に眠っているんだよな。大山倍達も梶原一騎も力石徹も」

――山崎さんは長らく「力石のモデル」ということを黙っていましたよね。

「一度、雑誌かなんかで聞かれたから言ったんだよ。梶原一騎から『おまえがモデルだ。力石っていうんだ』って言われたって。そしたら、売名行為だと言われてな。梶原先生からはっきり言われたけど、証明できるものもない。梶原先生は亡くなっていたし、なにせ、俺は有名になりたくないし、目立ちたくもない。だから、売名行為と言われてまで『もう言うことはないな』と思ったんだ。そしたら、ある記者が『梶原一騎の息子さん（高森城）からも聞いていますよ。裏（証言）はとれていますよ』と言ってきてな。それからは、自分から言うことはしないけど、聞かれれば、実際にあったことをちゃんと答えているよ」

――この本は2013（平成25）年に『東京中日スポーツ』（中日スポーツ）で連載した「山崎照朝　空手バカ一代記」を基にしています。それ以降、大きな出来事として、石橋雅史先生が亡くなりました。

「あれは一番のショック。技の面で一番尊敬していたから。組手も参考にしたからな」

――山崎さんが記者として『東京中日スポーツ』に石橋先生の訃報の第一報を書いたんですよね。石橋先生は役者としての知名度がありましたからね。

「息子さんから連絡があったんだよ。あんな紳士な人はいないよな…。石橋先生は殺陣師だよな。殺陣師というのは強いと思うんだよ。実戦でも強い。遠心力を使って、回転して殴ったり、回っての技が多いんだ。中国武術もそうだけど、回転しながら武器を使い、技をかける。そういう回転する技が石橋先生にはあったな」

――それを石橋先生が教えてくれたと。

「そう。力だけじゃないってことだな」

――石橋先生の他にも一緒に稽古をしていた大山茂さん、岸信行さん、佐藤俊和さんも亡くなりました。すごく寂しいですよね。

「そういう年になっちゃったな。みんな酒が好きなんだよ。当時、飲まないのは俺と添野(義二)、及川(宏)くらいだな。極真の三羽がらすは飲まなかった。大山茂先輩からは可愛がってもらったたし、気が合った。先輩は在日韓国人だけど、日本人でも分け隔てなく接してくれてな。聞いてもいないのに、朝鮮人と日本人の見分け方を教えてくれたり、朝鮮学校や自宅に招いてくれたりしてな。朝鮮学校では俺の顔を見て、びっくりしている人もいた。ああ、懐かしいよ。当時はいろいろあったからな」

――いろいろと言いますと?

「道場では北と南が仲悪いんだよ。大山館長から館長室に呼ばれてさ。『きみ、なんであいつらは同じ民族なのに仲が悪いのかね』って俺に言うんだよ。そこで俺もそういうものなのかなと思ってな。確かによく見ていたら、組手になると喧嘩になっていたな」

大山の構えや組手を試合で実践

――取材中や雑談のとき、山崎さんは冗談でも大山館長のことを一切悪く言わなかったですね。

「言うわけないじゃん。館長は儒教の教えだと思うんだよな。俺のお袋がいつも『侍は…』と言っていたのと、館長の言葉が重なるんだよ。『男は敷居を跨いだら七人の敵あり』『獅子は我が子を千尋の谷に突き落とす』とかよく格言を言うんだ。それが素直に入ってきたな。大山倍達を尊敬しているよ。俺はずっと館長に『押忍』と言ってきた。もし、少しでも疑問があったら、付いていかないよ。技一つでもそう。館長がこうやって（構えて）も誰もまねをしないんだ。大山茂先輩とか、あのへんのクラスしかやらない。ましてや、大会が始まって

からは誰もやらなくなった。俺はさ、その大山倍達の構えを組手や試合で使ったんだよ。だから、館長は喜んだ。俺は実践した。体現したから、館長（の強さ）を証明している。構えからさばきから、納得したから使ったんだよ」

――この本には、山崎さんと大山館長の館長室の会話が随所に出てきます。館長から呼ばれることは多かったんですよね。

「そう。館長の裏の世界だな。だから、結果的に俺は大学時代から、その裏の人と付き合っていたんだよ。俺は日大のキックボクシング部だっただろ。体育会系は大学側だから、いわゆる学生右翼だよ。全共闘のとき、俺は大学を警備する方だったから、大学から仕事が来るんだよ。その元締めだったのが、柳川次郎さん（柳川組の元組長で極真会館相談役）。館長室に行くと、柳川さんがいるんだよ。館長は柳川さんをしょっちゅう呼んでいて、そのたびに俺は館長室に呼ばれた。最初会ったときはさ、館長から『きみ、この人、怖いんだよ。殺しの柳川だよ』と言われてな」

実戦の本質を教えてくれた芦原先輩

――あとは芦原英幸さんのことも強調されていましたね。インタビューが掲載された雑誌などで誤解されていると話していました。

「要するにね、芦原先輩の凄さを知らない。道場では当てっこなんだよ。顔面、金的、急所でもいい。反則というのは技なんだよ。反則だから使わないというのはその人の考え方。だけど、反則も技と考えたらそれを極めるのが一番強い。そういう論理。組手を教えてくれたのが芦原先輩。顔面や金的をすぱっと蹴る。百発百中でできる人はいない。外れたら、反動がある。相手は『汚いことをやりやがって』と向かってくる。そのリスクも計算の上でやるから。そういうのをさらっとやるのが芦原先輩。普通の技のようにやるんだよな」

——そういう点で学ことが多かったと。

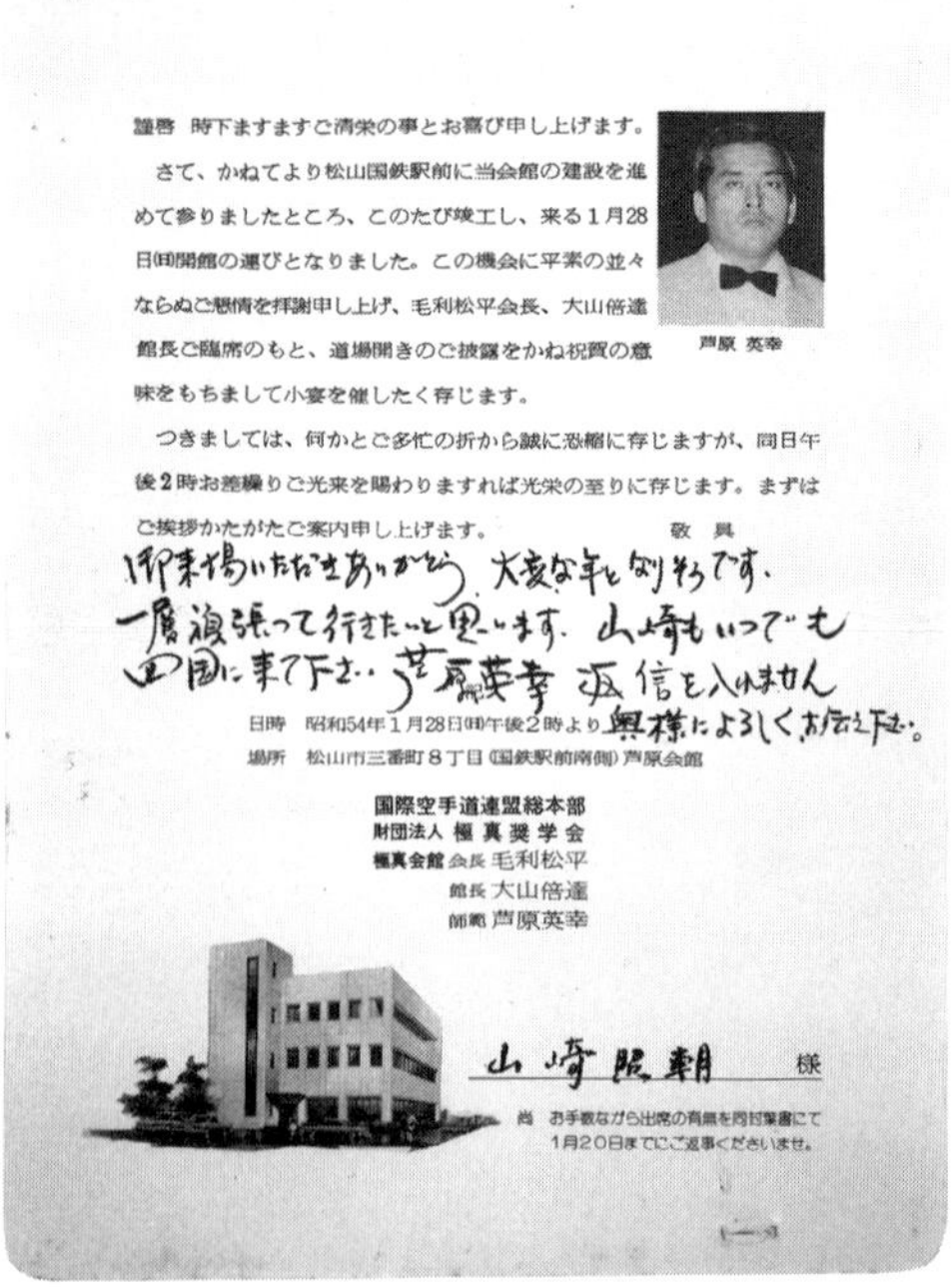

謹啓　時下ますますご清栄の事とお喜び申し上げます。

さて、かねてより松山国鉄駅前に当会館の建設を進めて参りましたところ、このたび竣工し、来る1月28日(日)開館の運びとなりました。この機会に平素の並々ならぬご懇情を拝謝申し上げ、毛利松平会長、大山倍達館長ご臨席のもと、道場開きのご披露をかね祝賀の意味をもちまして小宴を催したく存じます。

つきましては、何かとご多忙の折から誠に恐縮に存じますが、同日午後2時お差繰りご光来を賜わりますれば光栄の至りに存じます。まずはご挨拶かたがたご案内申し上げます。　敬具

芦原 英幸

御来場いただきありがとう。大変な年となりそうです。一層頑張って行きたいと思います。山崎もいつでも四国に来て下さい　芦原英幸　返信を入れません　奥様によろしくお伝え下さい。

日時　昭和54年1月28日(日)午後2時より

場所　松山市三番町8丁目(国鉄駅前南側)芦原会館

国際空手道連盟総本部
財団法人 極真奨学会
極真会館 会長 毛利松平
館長 大山倍達
師範 芦原英幸

山崎照朝　様

尚　お手数ながら出席の有無を同封葉書にて1月20日までにご返事くださいませ。

芦原英幸から山崎に送られてきた招待状。固い絆で結ばれていた

「実戦の本質はそこだもん。そういうことを分かってもらえていない。俺が先輩を侮辱しているように取られたら困る。俺はずっと最大限に評価しているし、尊敬している。なんか曲がった形で伝わっているんだよな」

――当時の極真はそういう組手ですもんね。

「俺は空手を知らなかった。喧嘩に使えるかどうかだから。それが原点。やっていくうちにさ、体が頑丈じゃないとやられちゃうと分かったんだよ。田舎には山の斜面に果樹園があって、重い収穫物を背負って、上り下りする。強くなるためにはこれはいいトレーニングだと自分でイメージする。意識を変える。それまでは百姓仕事が嫌で嫌で仕方なかったのに、全然嫌じゃなくなってさ。俺はそういう意識の変え方というのは早いんだ。仕事でも何でもそう。嫌々やったら身につかない。でも、面白い、楽しいと思ったら覚えるのは早い。物事ってそういうことだと思うんだ。まず好きになるか、ならないか。嫌いなものでも好きにならないと駄目なんだよ。だから俺は嫌いなものに対して向かって行くんだよ」

――それは社会人になってからも生きたと話していました。

「例えば営業に行って、名刺を置いてもまったく相手にされないときがある。『そう言わずに』と俺は毎日行くんだ。自分から向かっていく。俺のことを目の敵にする人もいる。一切仕事をもらえない。そういうところに俺は逆に行くんだよ」

――それが極真で学んだこと。極真魂ですね。

「そうそう。みんなが嫌うところ、みんながやりたがらないことを俺はやるんだよ。そのやり方で（営業して）埼玉で（フリーペーパー「東京新聞ショッパー」が）１００万部いったんだ。競合社はギブアップしたんだから。逆にね、俺はごまをするような奴は弾く。そういうタイプなんだよな」

――山崎さんのことを偏屈、頑固という人もいます。自分でもそう思いますか？

「俺は理にかなっていると思うんだけどな。大義名分が立たないものは認めない。会社であれ、喧嘩であれ。俺が喧嘩するのは常に上の人。会社だったら上司。下の奴は相手にしない。俺が身を引けばいいとなる。だから俺のことを偏屈とか言う人もいるんだろうな」

――第１回の全日本選手権大会が１９６９（昭和44）年ですから、初代チャンピオンになってから50年が過ぎました。

「ああ、そう。50年か。俺はそういうことをまったく意識していないからな」

――それもまた山崎さんらしいです。

「この前、第2回大会の映像を見たんだよ。全然（今と）蹴りが違うな。回し蹴りのスピード、力強くてリズム感があるもんな。俺はくるくると回ってさ。あんなことをやっていたのかなと思うくらい。でもな、第1回大会はもっと違うんだよ。腰を落としてな。間合いも懐も深くてさ。あまり動かないんだよ。一番良かったな。第2回からはもうキック（ボクシング）のイメージになっちゃっていたから。重心が少し上がっちゃっていたな」

――第1回大会の動きが理想だったと話していましたね。あとは新聞連載のとき（2013年）から、空手で大きく変わったことがあります。東京五輪の追加競技に選ばれました。山崎さんは記者として、寸止めの全空連（全日本空手道連盟）を精力的に取材をしていますね。

「フルコン（フルコンタクト、直接打撃制）は寸止めできない、寸止めは実戦ができない、と思っているだろ？　でもな、同じなんだよ。何で区切るんだよ。ルールになったら、そのルールでやればいい。両方ともできなきゃいけないんだ。極端に言えば、急所（攻撃）も技とし（て認められ）たら、それで練習をする。寸止めの時にはそれを省いた中でやればいいんだ。なぜ、そういう発想にはならないの？　発想を変えればいい。それなのに、フルコンと寸止めを頭から区切るんだもん。それでは自分を磨けないよ」

――与えられたルール内でやればいいと。

「そう。そのためには一番シビアな練習、そういう意識をした練習じゃないと駄目なんだ。俺はやった。芦原先輩もそう。分かっているから金蹴りしても歯を折っても『わりーな』とそのひと言だけ。そういう組手をしている。極めているから。寸止めの大会でも（反則技を）排除して、出られなきゃいけない。同じ空手で区別すること自体おかしいんだよ」

――フルコンと寸止めは似て非なるもの。違う競技と思いがちですよね。

「異種のもの、例えば競技が違うもの。陸上と水泳でも、一流を極めた人間というのは、最後はメンタル勝負。極めることはみんな一緒。だからお互いに理解できるし、尊敬し合える。中途半端な奴ほど、すぐに批判をするんだよ」

技を継承する「ナンバー2」いなかった…

――今回いろんな方から話を聞いたり、過去の映像を見たり、取材をすればするほど、山崎さんの考え方、技を継承する人がいてほしかったなと思うんです。添野さん、及川さんは何百人、何千人と弟子がいるじゃないですか。

「これはね、ナンバー2の問題。俺は大山倍達から吸収しようとした。俺のところにはそういう意欲の奴がいなかった。俺のところに来ているだけで満足。終わったら飲み会をするために来るとか…だから解散した。ナンバー2次第なんだよ。芦原先輩には二宮城光、石井（和義）がいた。石井には角田（信朗）がいた。そういうことなんだよな」

――山崎さんの空手を継承する人、後世に伝える人がいない。私は寂しいと思うんです。

「いない、いない。俺は大宮で道場を持っていた。いつ来てもいいよと、道場を開ける（鍵の）番号を教えていた。でも、誰も（平日に）来ない。俺は働いていたから土日しか指導できない。例えばさ、土日やったら平日に復習をするとかね。みんな仕事が終わって酒を飲みに行くのかもしれない。でも本当に空手が好きなら、それは二の次だよ。仕事が終わったら道場に来て、30分でも稽古する。もしくは、組手をやる仲間に『明日やろうよ』と声を掛けるとか。道場を開けている間、女の子の道場生が一人だけ頑張って来たくらいだもんな…」

——それに対して、物足りなさや寂しさはありませんでしたか？

「寂しいけど、それは本人次第だもん。本人たちがそういう気にならないと駄目だからな」

——大山館長が環境を与えてくれたように、山崎さんとしては練習環境を与えたと。

「そうだよ。大山倍達は『私はきみたちが強くなる環境を与える。365日道場は開いている。あとはきみたち自身の問題だよ』と言っていた。これができない。来ないからどうしようもない。（子どもや学生を）教えるのをやめたのは勝手に（道場生の）親がインターネットに動画をアップしたから。俺が教えている場面をだよ。それでもう駄目だと思った。俺はテレビにも出ない。取材も受けない。でも無断でネットにあげたから、もう子どもを教えるのをやめた。無料だから一時は子どもが300人くらいいたけどな」

——全日本女子プロレスのクラッシュ・ギャルズやブル中野さん、関係者に聞くと、山崎さんは厳しいけど、決して指導に向いていないわけではないと思うんです。

「それはさ、あいつらがプロだからだよ。覚えようという姿勢が全然違うんだ。どんどんついてくる。俺は特別なことをやっていない。極真のトレーニングをやるだけだから。合宿以外でも、俺の道場に来てやったりさ。さすがプロだなと思って、逆に俺が一生懸命教えるようになっちゃった。だからプロレスを馬鹿にしちゃ駄目だよ、と。俺がプロレスを評価するのはそういうこと。そういう姿勢なんだよ」

――一方で、まだ逆真会館として教えていますよね。

「今は道場ではなくて、体育館でやっているだけだから意味ないよな。もういいかなと思っている。やっぱり道場がなければ駄目だよ。やっぱりさ、みんな口では好きと言っているけど、本当に好きな奴はいなかったんだよ。好きだったら絶対に来る。強くなると思ったら来るんだよ。俺なんか（高校時代）3、4時間かけて山梨から池袋の道場まで通っていた。休んでいると落ち着かないんだよ。好きというのはそういうこと。あとは、逆真会館で通常の段位とは別に『指導者資格認定段位』を与えているんだ。それが8人いて、俺の空手を正しく伝承する資格がある。極真から離れて独自の指導法で教えてきた8人衆だな」

――独自と言いますと、山崎流の空手ということですか？

「そうだよ。（大山）館長は口では言うんだ。でも、『みんな館長のまねをしない』とさっき言っただろ。俺は館長の言葉が耳に残っている。要するに、館長の構え、教え、そういうものをすべて実践して、教えている」

――現在の極真の練習とは違うんですか？

「全然違う。大会が始まっちゃったから、ルールで禁止技がいっぱいできた。顔面も駄目、のども駄目、金蹴りもやっちゃいけない。今の極真は試合で勝つための空手になっちゃっている。どんどんパワー主体になってきちゃったしな。俺の考えは、空手は武術、武道というもの。当時は金蹴りから反則までオッケー。重視するのは大会（が始まる）前の館長の教え。大山倍達の構え、本来の武術としての構えだな。俺は大学時代、毎日、道場にいたから、鏡の前で構えてみて、なぜこの構えをするのか、そういう研究をずっとしていた。普段の組手でもその構えでやってみるんだよ。使えるじゃん、できるじゃんとなるんだよ。失敗

山崎照朝の指導を受け、逆真空手の「指導者資格認定段位」を授与された８人

したら、なぜ殴られたんだろうと考える。俺は試合で使った。でも、他の人は誰も使わなかった。本来ね、大会の空手と武道の空手を分ける必要なんてないんだよ」

——極真黎明期《れいめい》の館長の構え。あくまで実戦を想定した教えを重視しているんですね。

「そうそう。それが俺のかたちになっちゃった。やっていることは空手の形に全部あるんだよ。組手の動きは形の動きから取っているからね。でも、今の極真連中は形にあまり興味がない。形なんてあんな踊りをやっても仕方ないと、組手しかやらない。本当に強い奴は形もうまいんだよ。形を覚えなきゃ、理解しなきゃ」

——それではこれからの目標、夢はありますか？

「あとは死ぬだけだよ。もう死ぬだけ」

——……。

「日本一周するんだよ。キャンピングカーを買ってね。今、探しているんだよ、キャンピングカーを。1年とか2年かけてもいいから（鹿児島県最南端の）与論島からずっと（東シナ海、日本海側を）北上して、帰るときには太平洋側から回ってさ。希望者がいれば全国各地で空手のセミナーをやってもいい。こういうところに行くよ、と事前に伝えてな。一人旅、これからの夢は日本一周だよ」

山崎空手の真髄

「待ち拳」

山崎空手の特徴の「待ち拳」は組手の構えにある。「後屈立ち」で腰を落とし、重心を低く臍下丹田《せいかたんでん》に力を入れた状態で構える。下がるという動きはなく、常に前に出ての受けであり攻撃で、受けと攻撃が一体だ。

腰を沈めた構えで相手の攻撃を待ち、「中心と重心」をしっかりキープしながら相手の攻撃を潰《つぶ》し、技は相手に絡み付くように前へ出て仕掛ける。山崎は「組手は姿勢とバランスが大切。組手中も常に姿勢を意識し、中心と重心のバランスを崩さないようにすることで気持ちを前に出すことができる」と話す。

逆真会館与野道場で弟子を指導する山崎照朝

「中心と重心」をぶらさず戦う

待ち拳は、常に「中心と重心」を意識して姿勢を正す。相手からの攻撃に1ミリも後ろに下がらない。下がったら、次のワザは使えない。1ミリ下がるということは、顎があがった状態。顎を引いて構えていれば、自然に前へ出て攻撃できる。

常に「中心と重心」を意識して姿勢を正す

蹴りを受けても、バランスをキープ

中心と重心を保つことで、すぐに攻撃に移ることができる

動画で動きを確認

本能に逆らって、ワザを繰り出す

正拳に対しては

ひじ打ちでつぶしてから

パンチを入れる

相手の攻撃に対して、本能で反応してはダメ。
本能に逆らって、動くことでワザになる。
本能のまま動くと、前へ出ないで、小手先で攻撃をよけようとする。
臍下丹田《せいかたんでん》に力を入れて、相手のワザを受け、意識して前へ出る。

動画で動きを確認↓

自分のリズムで空手スタイルをつくる

待ち拳の鉄則として、攻撃を受けたら必ず一撃を返す。

パッ、パッ、パッ、パーン！のリズムで。どこまで自分のリズムをつくれるか。

それが自分の空手スタイルになっていく。

リズムを意識することでステップワークも変わってくる。

臍下丹田に力を入れ、腰を沈めて、相手の攻撃を待つ

１ミリも下がらずに相手の攻撃を受け

からむように前へ出る！これが「待ち拳」

山崎空手の主な構え

尾鱗《びりん》の構え

前羽《まえばね》の構え

龍変の構え

天地の構え

動画で動きを確認 ➡

山崎照朝の軌跡

1947年　7月　山梨県東山梨郡大和村（現甲州市）に生まれる
1964年　12月　極真会館に入門。山梨から東京・池袋まで4時間近くかけて通い、帰路は4時間近くかけて深夜に帰宅する
1967年　4月　当時最短の2年4カ月で極真会館の黒帯を取得
1968年　4月　日大農獣医学部に入学
　　　　5月　『週刊少年マガジン』の『あしたのジョー』に力石徹が初登場
　　　　6月　学生運動で大学封鎖。空手に4年間ささげる決意
1969年　4月　極真ジムの看板を背負いキックボクシングのリングへ
　　　　　　2戦目でカンナンパイ（タイ）に1回KO勝利
　　　　9月　極真の第1回全日本選手権大会で優勝
　　　　10月　キックでサマン・ソー・アディソン（タイ）に1回KO勝利
1970年　9月　極真の第2回全日本選手権大会で準優勝
1971年　2月　8戦目（6勝6KO2敗）を最後にキックのリングを去る
　　　　5月　『週刊少年マガジン』で『空手バカ一代』の連載開始
1972年　3月　大学卒業。中日映画社に就職しサラリーマンに
　　　　10月　極真の第4回全日本選手権大会で4位
1973年　11月　極真の第5回全日本選手権大会で準優勝、空手を引退
1977年　4月　埼玉県大宮市（現さいたま市）にボランティアで空手道場を設立
1980年　3月　「格闘技リポーター」として取材活動を開始
1983年　8月　全日本女子プロレス（全女）で指導を開始
　　　　　　クラッシュ・ギャルズ、ブル中野、北斗晶らを育てる
2011年　8月　主宰する道場「逆真会館」の一般道場を閉鎖

資料提供・協力　宮田玲欧

● 主な参考文献（順不同）

板垣 恵介　『板垣恵介の格闘士（グラップラー）列伝』　徳間書店
板垣 恵介　『板垣恵介の激闘達人烈伝』　徳間書店
大田 学　『挑戦―武道一代　伝説の極真三羽烏・及川宏』　星雲社
大山 倍達　『ケンカ空手世界に勝つ』　スポーツニッポン新聞社
大山 倍達　『わがカラテ　覇者王道』　サンケイ出版
大山 倍達　『極真カラテ21世紀への道―出てこい、サムライ』　徳間書店
大山 倍達・平岡 正明　『武道論』　徳間書店
梶原 一騎　『劇画一代　梶原一騎自伝』　小学館クリエイティブ
加部 究　『〝キックの鬼〟沢村忠伝説　真空飛び膝蹴りの真実』　文春ネスコ
北之口 太　『一撃の拳　松井章圭』　講談社
桐山 秀樹　『マンガ道、波瀾万丈　みんなが泣いた、笑った名作はこうして誕生した』　徳間書店
小島 一志　『添野義二　極真鎮魂歌　大山倍達外伝』　新潮社
小島 一志・塚本佳子　『大山倍達正伝』　新潮社
斎藤 貴男　『梶原一騎伝　夕やけを見ていた男』　文春文庫
高木 薫　『わが師　大山倍達　1200万人への道』　徳間書店
高森 篤子　『スタートは四畳半、卓袱台一つ　漫画原作者梶原一騎物語』　講談社
高森 篤子　『妻の道――梶原一騎と私の二十五年』　JICC出版局
竹中 明洋　『殺しの柳川　日韓戦後秘史』　小学館
布施 鋼治　『東京12チャンネル運動部の情熱』　集英社
真樹 日佐夫　『兄貴　梶原一騎の夢の残骸』　ちくま文庫
真樹 日佐夫　『極真カラテ二十七人の侍―「地上最強の格闘技」を支えた男たちの伝説』　サンケイ出版
増田 俊也　『木村政彦はなぜ力道山を殺さなかったのか』　新潮社
山崎 照朝　『山崎照朝の実戦空手』　池田書店
山崎 照朝　『無心の心―空手に賭けた青春』　スポーツライフ社
柳澤 健　『1985年のクラッシュ・ギャルズ』　文藝春秋
吉田 豪　『吉田豪の空手★バカ一代　〝地上最強の人生〟インタビュー集』　白夜書房
ロッシー小川　『昭和・平成女子プロレス秘史』　彩図社
『あしたのジョー、の時代』　練馬区立美術館
『大山倍達とは何か?』　ダブルクロス／ワニマガジン社
『極真外伝～極真空手もう一つの闘い～』　ぴいぷる社
『極真とは何か?』　ダブルクロス／ワニマガジン社
『蘇る伝説大山道場読本』　日本スポーツ出版社

『BLACK　BELT』
『格闘技通信』
『近代カラテ』
『月刊秘伝』
『現代カラテ』
『現代カラテマガジン』
『月刊ゴング』
『ゴング格闘技』
『週刊ゴング』
『週刊プロレス』
『週刊ファイト』
『パワー空手』
『ワールド空手』
『週刊サンケイ』
朝日新聞
東京新聞
毎日新聞
新潟日報
山梨日日新聞
読売新聞
スポーツニッポン
スポーツ報知
デイリースポーツ
東京スポーツ
内外スポーツ
日刊スポーツ
レジャーニュース

森合 正範 Masanori Moriai

1972年、横浜市生まれ。東京新聞運動部記者。スポーツ新聞社を経て、2000年、中日新聞社に入社。『東京中日スポーツ』でボクシング、ロンドン五輪を取材。『中日スポーツ』で中日ドラゴンズ、『東京新聞』でリオデジャネイロ五輪を担当。現在はボクシングと五輪競技を中心に取材活動をしている。

力石徹のモデルになった男 天才空手家 山崎照朝

2020年8月29日 第1刷発行
2020年9月16日 第2刷発行

著　　者　森合　正範
発 行 者　安藤　篤人
発 行 所　東京新聞
〒100−8505　東京都千代田区内幸町2−1−4
中日新聞東京本社
電話〔編集〕03−6910−2521
〔営業〕03−6910−2527
FAX 03−3595−4831

ブックデザイン　クロックワークヴィレッジ
印刷・製本　株式会社シナノ パブリッシング プレス

JASRAC 出 2005236-002

ISBN978-4-8083-1046-2 C0075